굿바이 탄소,
에너지 이야기

굿바이 탄소,
에너지 이야기

초판 1쇄 발행 2021년 12월 4일
2쇄 발행 2022년 12월 26일

지은이 박춘근
펴낸곳 크레파스북 **펴낸이** 장미옥
총괄책임 정미현 **편집** 신지선·노선아
디자인 김지우 **일러스트** 김지혜

출판등록 2017년 8월 23일 제2017-000292호
주소 서울시 마포구 성지길 25-11 오구빌딩 3층
전화 02-701-0633 **팩스** 02-717-2285 **이메일** crepas_book@naver.com

인스타그램 www.instagram.com/crepas_book
페이스북 www.facebook.com/crepasbook
네이버포스트 post.naver.com/crepas_book

ISBN 979-11-89586-37-9(03300)
정가 14,000원

이 도서의 국립중앙도서관 출판예정도서목록은 서지정보유통지원시스템 홈페이지(http://seoji.nl.go.kr)와 국가자료종합목록 구축시스템(http://kolis-net.nl.go.kr)에서 이용하실 수 있습니다.

굿바이 탄소

에너지 이야기

글 박춘근

크레파스북

기후변화는 왜 일어나고
위기에 대처하기 위해
우리가 지금 할 수 있는 일에는
어떤 것들이 있을까?

여는 말

　잘 아시다시피 그리고 느끼시다시피, 현재 우리가 살고 있는 지구
는 지나친 기후변화로 몸살을 앓고 있습니다. 지금 우리는 기후변화
를 넘어 기후위기 시대에 살고 있습니다. 산업혁명 이후 현대에 이르
기까지 인류는 에너지자원을 그야말로 약탈하듯 사용해 왔습니다.
우리가 이미 써 버린 자원 중 대부분은 사실상 우리 후손들의 몫일지
도 모른다는 생각에 마음이 씁쓸해집니다. 에너지 사용의 부익부 빈
익빈 현상이 현대에 들어 더욱 심각해지고 있다는 언론 보도를 접할
때 특히 그렇습니다.

　이 세상은 급속히 다가오는 제4차 산업혁명과 맞물려 모든 분야에
서 정신없이 변해 가고 있습니다. 에너지와 환경 분야도 마찬가지죠.
세계 각국은 탄소 배출량을 '0'으로 만든다는 탄소중립을 앞다투어 선
언하며 새로운 경제 질서, 국제 질서를 만들어가기 시작했습니다. 태양
광, 풍력 등으로 전기를 생산하고, 개인이 에너지를 생산해 사고팔 수
도 있는 에너지 프로슈머의 세상이 왔습니다. 어디 그뿐일까요? 재생
에너지, 자율주행과 연계한 전기 자동차, 수소 연료전지 자동차, 사물

인터넷과 결합한 에너지 혁명 시대가 성큼 다가오고 있습니다.

이러한 시기에 나는 요즘 젊은이들이 에너지 환경 분야에 더욱 많은 관심을 가지고 나름의 역할을 해 주기를 바랍니다. 젊은이들은 앞으로 우리의 미래를 이끌고 나가야 할 주체이기 때문입니다. 그리고 이 지구에서 많은 시간 동안 행복을 맘껏 누리며 살아가야 할 세대이기 때문입니다.

10여 년 전부터 10~20대 젊은이들과 대화하고 소통할 기회를 많이 가져왔습니다. 의외로 많은 학생들이 에너지 분야에 대해 피상적이고 단편적인 정보를 습득하는 데 그치고 있었습니다. 온라인, 오프라인을 막론하고 딱히 에너지에 대한 올바른 정보를 체계적으로 알려 주는 콘텐츠가 많지 않기 때문일 것입니다. 그래서 결심했습니다. 젊은이들이 부담 없이 읽어 내려갈 수 있는 에너지 교양 콘텐츠를 만들어 보급하겠다고 말이죠.

지난 겨울부터 관련 자료들을 모으고 글을 써 내려가기 시작해서 이제 출간을 하게 되었습니다. 우리가 살아가는 이 세계의 지속 가능한 발전을 위해 젊은이들이 에너지 문제에 많은 관심을 가져주길 바랍니다. 더불어 이 책이 에너지에 대한 올바른 이해를 돕는 데 작은 역할이라도 다할 수 있기를 바랍니다.

지속 가능한 에너지의 미래를 꿈꿉니다.

2021년 11월

박 춘 근

목차

01

지구야,
지켜주지 못해 미안해!

기후변화로
몸살을 앓는 세계

최근 '기후변화'는 뉴스에 자주 등장하는 가장 민감한 이슈 중 하나입니다. 차이는 있겠지만 대부분의 과학자들은 기후변화에 대해 인류가 대응할 수 있는 시간이 그리 많이 남아 있지 않다고 말합니다. 기후란 무엇일까요? 일반적으로 '평균 상태의 대기'로 정의되는 기후 (Climate)는 매일 변화하는 기상(Weather)의 종합적인 특징을 요약한 것이라 할 수 있습니다. 기온, 강수량 등의 평균치, 연교차 등의 변화폭, 최고 및 최저 기온, 최대 강수량의 극값, 우기와 건기의 분포 등을 모두 기후로 표현하는 것입니다. 따라서 기후가 변화하고 있다는 것은 기상이 장기적으로 변화하고 있음을 의미합니다.

최근 일어나고 있는 기후변화의 몇 가지 예시를 들어볼까요? 전 세계적으로 2020년과 2016년은 관측 사상 지구가 가장 더웠던 해로 분석되었습니다. 미국 국립항공우주국(NASA)은 2020년 연평균 기온이 역대 가장 더운 해로 기록된 2016년과 거의 같았다고 발표했습니다. NASA에 따르면 지난해 연평균 기온은 1951~1980년 평균 기온보다 1.02도 더 높았습니다. 2016년 연평균 기온보다 약간 높은 수치입니다. 그리고 지난 7년은 연평균 기온이 역대 가장 높았던 7년이라고 합니다. 더 중요한 것은 장기 추세인데, 이 기록이 계속 경신될 것으로 전망했습니다. 세계기상기구(WMO)도 2020년이 역대 가장 더운 3개년 중 한 해였다고 발표했습니다. WMO에 따르면 2020년 지구 평균 기온은 14.9도로, 산업혁명 이전보다 1.2도 상승했습니다. 역대 가장 더운 해로 꼽혔던 2016년, 2019년 평균 기온과 거의 같은 수준이죠.

지구 전체의 기후 시스템을 조절하는 북극에도 비상이 걸렸습니다. 2020년 북극의 연평균 해빙 면적은 관측 사상 가장 낮은 수치를 기록했던 2016년과 같았습니다. 세계의 기후 및 환경 분야 과학자들로 구성된 기후변화에 관한 정부 간 패널(IPCC)*의 보고서에 따르면

---

* 기후변화에 관한 정부 간 패널(IPCC·Intergovernmental Panel on Climate Change)
  기후변화에 관련하여 인류의 경제·사회 활동 등에 미치는 영향을 분석하여 국제적인 대응 방안을 마련하기 위한 유엔 산하 정부 간 협의체

최근 30년 동안 우리나라의 30분의 1 정도나 되는 북극의 가장 큰 빙산이 사라졌습니다. 북반구의 빙산이 1950년 이래 약 10~15% 감소하고 있는 것입니다. 늦여름에서 이른 가을까지의 극지방 얼음 두께는 최근 수십 년 동안 40% 정도 얇아지고 있습니다. 겨울의 얼음 두께도 상대적으로 서서히 얇아지고 있죠. 지난 100년 동안 지구 해수면의 높이는 10~25cm 정도 높아졌습니다.

최근 10여 년 사이 기후와 관련된 재앙들이 부쩍 늘어나고 있는 가운데 전문가들은 이런 지표들이 모두 한 방향을 가리키고 있다고 말합니다. 바로 기후위기입니다. 좀 더 쉽게 이해할 수 있도록 2020년 전 세계에서 일어난 기상이변을 한 번 더 돌이켜 보겠습니다.

2020년은 벽두부터 뜨거운 산불로 시작되었습니다. 2019년 9월 호주 남동부에서 일어난 산불이 다섯 달 반 동안 지속되었다가 간신히 진화됐죠. 한반도 면적의 85%가량의 삼림을 태웠다고 합니다. 이 산불로 호주 전체 숲의 14%가 사라졌습니다. 게다가 숲에서 살던 야생동물 12억 마리 이상이 불에 타 죽었습니다. 불에 탄 불쌍한 코알라 사진이 한동안 인터넷을 뜨겁게 달구기도 했습니다. 특히 호주에서 세 번째로 큰 섬이자 21개의 자연보호구역과 국립공원이 있는 생태계의 보고 캥거루섬. 이 섬에도 불똥이 날아가 섬의 절반 이상을 태웠습니다. 참으로 안타까운 일이 일어난 것입니다. 대형 산불은 미국에서도 일어났습니다. 2020년 9월, 미국 캘리포니아 브렌트우드에 불이 난 것이죠. 국제 시민단체 크리스천에이드는 수개월간 지속된 미국 서부의 산불로 42명이 목숨을 잃었고, 200억 달러(약 22조 원)의 재산 피해가 난 것으로 집계했습니다.

그런데 이러한 큰 산불의 원인이 기후변화와 관련이 있다고 합니다. 호주는 원래 건조한 곳이 많아 여름철이면 산불이 자주 나는 편이었지만 주기적으로 비가 오면서 자연적으로 산불이 진화되곤 했습니다. 그러나 2019년 9월부터 호주는 이상할 정도로 건조한 날씨가 이어졌고, 이것이 산불이 크게 번지는 데 주요한 원인이 되었습니다. 기상학자들은 지구온난화로 인도양의 수온이 올라가면서 호주의 강수량이 줄어든 결과라고 말합니다. 더불어 앞으로 이러한 산불이 점점 더 자주, 그리고 더 큰 규모로 일어날 수 있다고 경고합니다. 미국의 산불도 기후변화가 원인입니다. 전문가들은 라니냐*가 미국 서부 지역을 40도 이상의 덥고 건조한 환경으로 만들었고, 이 때문에 산불이 크게 번졌다고 말합니다.

시베리아는 이상고온 현상이 가장 뚜렷하게 드러난 곳입니다. 유럽연합(EU) 산하의 코페르니쿠스 대기감시국(C3S)에 따르면 2020년 시베리아 지역의 6월 평균 기온이 전년도보다 5도나 높아져 눈과 얼음

* 라니냐
　적도 동태평양에서 발생하는 저수온 현상

이 예외적으로 일찍 녹았습니다. 얼음과 눈이 녹으면서 기온을 높이고, 높아진 기온이 다시 얼음과 눈을 녹이는 '상승 작용'으로 시베리아의 이상고온 현상은 악순환을 반복하고 있습니다.

이상고온 현상은 유럽도 마찬가지였습니다. 2020년 7월, 영국 히드로 공항 근처의 기온이 37.8도까지 올라가면서 많은 사람들이 폭염으로 고통받았습니다. 같은 달 스페인 북부 산세바스티안의 기온은 관측 이래 최고치인 42도까지 올랐습니다. 이탈리아 14개 도시에서도 폭염으로 비상경계령이 내려졌고, 프랑스 정부는 101개 구역에 폭염 경보를 발령했습니다. 이 외에도 이상고온 현상은 전 세계 곳곳에 가뭄, 화재, 빙붕 등의 자연재해를 불러 왔습니다.

지구의 이상고온 현상은 2021년 여름이 되면서 기세를 더했습니다. 특히 캐나다는 무려 50도를 육박하는 살인 더위에 69명이 사망했습니다. 모스크바에선 6월 최고 기온이 34.8도까지 올라가면서 120년 만에 1901년 당시의 최고 기록(34.7도)을 깨기도 했습니다. 지금 지구촌의 기후위기 상황은 현재 진행형입니다. 이렇듯 급격한 기후변화는 앞으로 우리가 사는 세상을 어떻게 바꾸어 놓을까요? 간단한 그림을 통해 기후변화가 가져올 파장을 예측해 보겠습니다.

여기서 잠깐!
지구 평균 기온이 1도씩 올라가면 우리 생활은 어떻게 변할까?

1도 높아진 현재!
가뭄, 폭염, 대형 산불 등이
빈번하게 일어납니다.
변화에 적응하지 못한 동식물은
멸종 위기에 처합니다.

2도 높아진다면?
해양 생태 시스템을 조절하는 산호가
99% 멸종됩니다.
빙하가 녹고 해수면 상승으로
많은 섬나라가 가라앉게 됩니다.

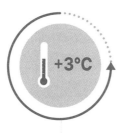

3도 높아진다면?
기온 상승이 가속화되고
아마존 열대우림이 파괴됩니다.
식량 생산이 어려워져 많은 사람들이
기근으로 사망하게 됩니다.

4도 높아진다면?
거의 매년 식량위기가 찾아오고,
남극의 빙하가 붕괴됩니다.
대다수의 대륙은 사람이 거주할 수 없는
환경이 됩니다.

우리나라는
예외일까?

기후변화에 관한 정부 간 패널(IPCC)의 「제5차 평가 종합보고서」에 따르면 지구의 온도는 지난 130여 년(1880~2012년) 동안 평균 0.85도 올랐습니다. 그런데 우리나라 기상청이 발표한 「한반도 100년의 기후변화」에 따르면 한반도는 지난 106년간(1912~2017년) 평균 1.8도나 상승했습니다. 지구온난화로 동해에는 이미 명태가 사라졌고 남부 지역에서는 소나무가 위협받고 있습니다. 일부 해수면은 세계 평균보다 훨씬 빨리 높아지고 있습니다. 얼음이 녹아 굶어 죽는다는 북극곰 이야기가 더 이상 남의 이야기가 아닙니다.

온난화 현상에 따른 우리나라 기후변화 현황은 어떨까요? 이해를 돕기 위해 2020년에 일어났던 일들을 더듬어 보겠습니다. 먼저 지난해 우리나라 겨울은 1973년 이후 가장 따뜻했던 것으로 확인됐습니다. 5월 말부터 중국과 일본에는 강력한 장마전선이 형성돼서 많은 비를 뿌렸습니다. 이 비로 중국은 약 7,000만 명 이상의 이재민, 일본은 1만 4,000채에 가까운 주택이 침수되는 피해가 발생했습니다. 이 장마전선은 우리나라에도 영향을 끼쳤습니다. 6~7월 내내 한반도에 이상저온 현상을 일으킨 후, 7월 중순부터 전국에 홍수 피해를 주었습니다. 7월 내내 장마를 거치면서 7월이 6월보다 기온이 오히려 더 낮은 역전 현상이 벌어졌습니다. 오랜 기간 세찬 비가 몰아치면서 역대 두 번째로 장마철 전국 강수량이 많았습니다. 그래서 작년 여름비는 장마라기보다는 열대 지방의 우기에 해당한다고들 얘기하죠. 단시간 폭우가 예측하기 힘들게 불규칙적으로 쏟아지면서 도시 배수 시스템이 감당할 수 있는 수준을 넘어서는 경우도 많았습니다. 결과적으로 지난 여름은 역대 가장 긴 장마철로 기록되었습니다.

동아시아의 폭우도 기후변화의 영향을 받은 것입니다. 본래 동아시아의 장마전선은 시간이 지날수록 더운 북태평양 기단에 의해 서서히 북쪽으로 밀려나면서 소멸합니다. 그러나 2020년에는 시베리아 기단의 세력이 줄어들지 않았습니다. 기후변화로 초여름 시베리아의 기온이 크게 올라가면서 차가운 고기압이 발달한 탓이었죠. 시베리아 기단과 북태평양 기단이 팽팽히 맞서며 한자리에 오래 머물면서 좁은 곳에 많은 비를 뿌렸습니다.

9월에는 장마로 입은 피해가 채 복구되기도 전에 태풍이 우리나라 곳곳을 강타했습니다. 8월 초, 제5호 태풍 '장미'를 시작으로 8월 말, 제8호 태풍 '바비'는 한반도 서쪽을, 제9호 태풍 '마이삭'은 동쪽을 강타했습니다. 또 9월 초, 제10호 태풍 '하이선'까지. 2020년 8월 말부터 9월 초까지 50일이 넘는 오랜 기간 동안 거의 매주 태풍이 우리나라를 괴롭혔습니다. 11월에는 기록적인 이상고온 현상을 보였습니다. 특히 11월 중순 약 한 주 동안은 마치 여름이 돌아온 듯 제주시의 일평균 기온이 20도를 넘을 만큼 더운 날이 이어졌습니다. 곳곳에 집중호우가 쏟아지기도 했죠. 지난해 동안 벌어진 기상이변은 왜 우리가 지구온난화를 막아야 하는지를 단적으로 잘 보여주었습니다. 물론 한 해 동안의 장마, 폭우, 태풍, 한파 하나하나를 두고 기후위기라고 진단할 수는 없습니다. 그러나 최근 몇 년 동안의 데이터가 우리에게 보여주고 있는 바는 명확합니다. 지금의 기상이변은 일시적이고 자연적인 현상이 아니며, 과학적으로 진단된 '기후위기'라고 말입니다.

기후위기 극복을 위해
손잡은 세계

　국제사회는 이러한 기후위기에 대응하기 위해 오래전부터 많은 노력을 해 왔습니다. 먼저 1988년 지구온난화와 기후변화에 대한 대책을 수립하기 위해 제네바에서 기후변화에 관한 정부 간 협의체(IPCC)가 설립되었습니다. IPCC는 세계기상기구와 유엔환경계획이 공동으로 설립한 유엔 산하의 국제 협의체입니다. 기후변화 해결을 위한 노력이 인정되어 미국 전 부통령 앨 고어와 함께 2007년 노벨 평화상을 수상하기도 했죠.

　IPCC는 기후변화와 관련된 평가보고서를 5~7년 주기로 발간합니다. 이 보고서 작성에는 기상학자, 해양학자, 빙하학자, 경제학자 등 약 3,000여 명의 전문가들이 참여합니다. 그간 IPCC를 중심으로 발간된 보고서와 진행되어 온 주요 기후변화 협상은 다음과 같습니다.

- 제1차 보고서(1990년) → 유엔기후변화협약 발족(1992)
- 제2차 보고서(1995년) → 교토의정서 채택(1997)
- 제3차 보고서(2001년) → 마라케시합의문 채택(2001)
- 제4차 보고서(2007년) → 발리로드맵 채택(2007)
- 제5차 보고서(2015년) → 파리협약 채택(2015)

1992년 유엔환경개발회의에서 유엔기후변화협약이 채택되었고 196개(195개 국가와 1개 지역경제통합기구(EU)) 협약 당사국이 참여했습니다. 공동의 차별화된 책임과 부담의 기본 원칙 아래 선진국은 2000년까지 1990년대 수준으로 온실가스를 감축하고 개발도상국에 재정 및 기술을 지원하는 것을 주요 내용으로 합니다.

여기서 특히 주목해야 할 내용은 교토의정서입니다. 기후변화 해결을 위한 전 세계인의 한 걸음으로 중요한 의미가 있습니다. 교토의정서의 정식 명칭은 'Kyoto Protocol to the United Nations Framework Convention on Climate Change'입니다. 즉, 기후변화협약이 '법'이라면 교토의정서는 '시행령'에 상응합니다. 핵심 내용은 선진국의 온실가스 배출량을 1990년 기준 5.2% 줄이는 것입니다. 교토의정서는 감축 목표의 효율적인 이행을 위해 감축 의무가 있는 선진국들이 서로의 배출량을 사고팔 수 있도록 하는 배출권거래제나 다른 나라에서 달성한 온실가스 감축 실적도 해당 국가의 실적으로 인정해 주는 청정개발체제, 공동이행제도를 실행했습니다. 그러나 개발도상국이 감축 의무에서 빠지면서 세계 온실가스 배출 1위와 3위 국가인 중국과 인도가 감축 의무에서 제외되었습니다. 이에 불만을 품은 온실가스 배출 2위 국가인 미국을 포함해 일본, 러시아 등의 국가들이 협정에서 탈퇴했죠. 캐나다도 감축 의무를 지키지 못하는 상황이 되자 협정에서 탈퇴했습니다. 이처럼 여러 국가가 협정을 탈퇴하면서 온실가스 배출의 15%를 차지하는 국가들만 남았습니다.

그리고 2015년, 유엔기후변화협약 총회가 프랑스 파리에서 열렸습니다. 무려 195개국 참가국 장관들이 2020년 만료 예정인 교토의정서 이후의 새 기후변화 체제 수립을 위한 최종 합의문에 서명했습니다. 1997년 합의된 교토의정서에는 선진국만이 온실가스 감축 의무를 지녔지만, 파리협약은 참가한 195개 당사국 모두가 온실가스 감축 의무를 갖도록 했습니다. 또 산업화 이전보다 지구 평균 기온이 2도 이상 상승하지 않도록 하되, 1.5도를 넘지 않도록 노력하기로 했습니다. 몰디브와 같은 섬나라들은 기온이 2도만 올라도 생존에 위협을 받을 수 있기 때문입니다. 그래서 "특히 1.5도 이하로 제한하도록 노력을 기울여야 한다"는 표현이 사용된 것입니다.

이러한 협약이 실제로 어떤 영향을 미칠 수 있을까요? 2017년 7월, 독일 함부르크 G20 정상회의에서 파리협약을 강조하는 공동성명을 발표했습니다. G20은 세계 경제를 이끄는 주요 7개국(독일·미국·영국·이탈리아·일본·캐나다·프랑스)과 유럽연합(EU) 의장국 그리고 신흥국가 12개국(한국·멕시코·인도 등)을 합한 20개 나라입니다. 공동성명에서 정상들은 파리협약을 이행하기 위해 노력할 것을 강조했습니다. 그러나 트럼프 미국 전 대통령은 미국의 경제 성장을 막는다는 이유로 2017년 파리협약 탈퇴를 선언했고, 공동성명에도 끝까지 동의하지 않았습니다.

그 후 2021년이 되었습니다. 조 바이든 미국 대통령이 취임하면서 흐름은 완전히 바뀌었습니다. 미국이 파리협약에 공식적으로 복귀한 것입니다. "미국이 돌아왔다(America is back)." 미국의 조 바이든 행정부는 기후변화 대응을 위한 친환경 에너지 산업으로의 전환을 선언했습니다. 존 케리 전 국무장관을 기후 특사로 임명하고, 친환경 에너지 확산을 위한 규제와 인센티브 마련에도 노력을 기울이고 있습니다.

다행스러운 일이기는 합니다만 현재 인류가 처한 기후위기 상황은 좀 더 급박합니다. 산업혁명 이전과 비교해 지구의 평균 기온 상승 폭이 2도를 넘어서게 되면 지구온난화는 저절로 진행되어 기후변화를 막기가 더욱 어려워집니다. 온도 변화 폭이 이미 1.2도에 이른 상황에서 인류에게 남은 시간은 많지 않은 것 같습니다. 이러한 재앙을 막기 위해서라도 협약은 피할 수 없는 움직임입니다. 협약이 이루어졌다 하더라도 각국이 이를 실제로 실천할 수 있을지는 여전히 미지수입니다. 따라서 세계인들은 스스로 강력하게 지구온난화 방지를 실천할 수 있어야 합니다. 동시에 서로를 격려하고 감시할 수 있어야 합니다. 미래 세대의 생존이 달린 문제이기에 우리 모두 경각심을 갖고 힘을 모아야 합니다.

우리나라도 알고 보면
기후 악당?

우리나라가 2016년부터 국제사회에서 기후 악당이라고 불리고 있다는 사실을 아시나요? 국제사회에서 비교적 잘 산다고 평가받으면서 온실가스는 엄청나게 배출하고, 이에 대한 책임은 다하지 않기에 '기후 악당(Climate Villain)'이라고 불리는 것입니다. '기후 얌체' 정도라면 모를까, 아예 '기후 악당'이라니? 기후 악당 국가라고 하면 기후변화 대응에 무책임하고 게으른 국가를 말하는 것일 텐데 말입니다.

우리나라가 기후 악당이라 불리게 된 가장 큰 원인은 우리나라의 국가 온실가스 감축 목표(NDC)와 관련이 있습니다. 2015년 유엔총회 회원국들은 온실가스 배출에 대한 책임과 역량을 고려하여 자발적으로 온실가스 배출량을 얼마만큼 줄일 것인지를 제출했습니다.

2030년 우리나라 배출전망치와 감축 목표

※ 온실가스종합정보센터 국문 브로슈어(단위: 백만 톤)

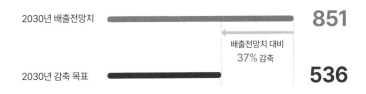

2030년 배출전망치 ━━━━━━━━━━ **851**

배출전망치 대비
37% 감축

2030년 감축 목표 ━━━━━━━ **536**

　이때 우리나라가 제출한 국가 온실가스 감축 목표는 '2030년까지 배출전망치(BAU) 대비 37% 감축'입니다. 배출전망치란 온실가스 감축을 위한 인위적인 조치를 하지 않았을 때의 배출량을 말합니다. 그러니까 온실가스 배출량을 줄이려고 노력하지 않을 때의 우리나라 연간 온실가스 배출량이 2030년에는 약 851백만 톤까지 늘어날 것으로 예상되는데, 이를 37% 줄여 약 536백만 톤※으로 배출을 억제하겠다는 계획입니다.

---

* 2021년 9월에는 탄소중립기본법이 제정되면서 감축 목표가 2018년 국가 온실가스 배출량 대비 35% 이상의 범위로 변경되었습니다. 또한 UN에 제출 예정인 NDC는 순배출량 기준 436.6백만 톤으로 2018년 총배출량 727.6백만 톤 대비 40% 감축하는 것으로 정부안이 마련되었습니다.

우리나라가 제시한 목표는 산업화 이전 대비 세계 평균 기온의 상승 폭을 1.5~2도 이내로 제한한다는 파리협약의 목표를 전혀 맞출 수 없는 수치이며, 오히려 3~4도 상승에 기여할 것으로 평가받았습니다. 영국의 기후변화 비정부기구인 기후행동추적은 "기후변화 해결에 전혀 노력하지 않는 기후 악당"이라고 비판했습니다. 영국 기후변화 온라인 언론인 클라이밋 홈도 기후행동추적의 분석 결과를 인용해 우리나라를 사우디아라비아, 호주, 뉴질랜드와 함께 '세계 4대 기후 악당'으로 지목했습니다. 사실 우리 입장에서는 이러한 목표도 매우 부담스러운 상황입니다. 그런데도 국제 평가기관에서는 우리나라의 국제적 위상과 온실가스 배출에 대한 책임을 고려할 때 매우 불충분한 목표라고 본 것입니다.

우리나라의 1인당 온실가스 배출량도 가파르게 증가하고 있습니다. 「2020년 국가 온실가스 인벤토리 보고서」에 따르면 1990년 약 6.8톤이었던 우리나라 국민 1인당 배출량이 2018년 14.1톤으로 무려 2배가량 증가했습니다. 글로벌 카본 프로젝트(GCP)에 따르면 우리나라 인구 1인당 이산화탄소 배출량은 사우디아라비아, 미국, 캐나다에 이어 세계 4위입니다. 이산화탄소 배출량 증가율은 OECD 국가 중 첫 번째이고, 재생에너지 발전 비중은 꼴찌에서 두 번째입니다.

2018년 우리나라 인구 1인당 이산화탄소 배출량

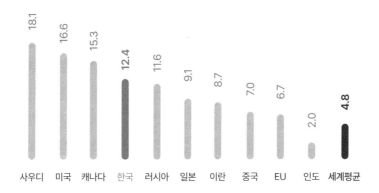

※ 글로벌카본프로젝트(단위: 톤)

우리나라는 석탄화력발전소를 수출하는 나라이기도 합니다. 주요 선진국의 경우 온실가스 배출량을 줄이기 위해 석탄화력발전을 단계적으로 퇴출하고 있습니다. 프랑스는 2022년, 영국은 2024년, 독일은 2038년까지 석탄발전소를 모두 폐쇄하기로 결정했습니다. 동시에 해외 석탄화력발전 건설 지원도 중단하는 추세입니다. 그런데 2016년 우리나라는 중국, 일본과 함께 해외 석탄화력발전 투자와 건설을 적극적으로 지원하는 세계 3위 국가였다고 합니다. 국내에는 신규 석탄화력발전소 7기를 건설하고 있죠. 더 나아가 인도네시아 자와 9·10호 발전소와 베트남 붕앙 2호 발전소에 대한 사업 투자도 결정했습니다.

한국에서 지어지고 있는 7기 발전소와 한국전력공사가 해외에 짓기로 한 발전소 3개를 합치면 총 10개의 석탄화력발전소가 건설될 예정입니다.

국내 석탄화력발전소의 탄소 배출량

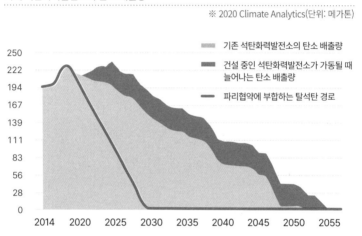

※ 2020 Climate Analytics(단위: 메가톤)

독일 기후 전문 연구기관인 클라이밋 에널리틱스는 한국이 2029년까지 석탄발전소를 전부 폐쇄해야 파리협약의 목표 달성에 기여할 수 있을 것이라는 연구 결과를 내놓았습니다. 그러나 그래프를 보면 우리나라 석탄발전소는 앞으로 더 늘어날 것으로 보입니다. 특히 짙은 회색 영역을 주목해서 봐야 합니다. 지금 건설 중인 석탄발전소가 가동될 때 늘어나는 발전 용량이기 때문입니다.

2020년 온실가스 감축 목표를 폐기하기도 했습니다. 2009년 우리 정부는 2020년까지 BAU 대비 30% 감축이라는 목표를 설정했습니다. 이 목표는 2010년 「저탄소 녹색성장 기본법」에도 명시되었습니다. 그런데 이후에도 우리나라의 연간 온실가스 배출량은 줄어들기는커녕 오히려 꾸준히 증가했습니다. 목표 달성이 어려워 보이자 우리 정부는 법에 명시되어 있던 2020년 온실가스 감축 목표를 슬그머니 삭제하고 2030년 목표치로 대체했습니다.

이러한 이유들이 2016년 이후 우리나라가 기후 악당 국가로 평가받고 있는 원인이라 할 수 있습니다. 지금은 어떨까요? 2020년 우리나라는 기후변화 대응 성적을 지표화한 기후변화대응지수(CCPI)에서 조사 대상 61개국 중 58위를 차지했습니다. 이러한 이미지는 국격을 떨어뜨리고 국제사회의 감시와 견제를 불러 외교와 경제 분야에서 불이익을 가져올 수 있습니다. 다행히 우리나라도 2020년에 2050년까지 탄소 배출량을 '0'으로 만들자며 탄소중립을 선언했습니다. 늦은 감이 있지만, 이제라도 탄소 배출을 줄이기 위해 노력하는 것은 환영할 만한 일입니다. 그러나 아직 갈 길은 멀어 보입니다. 점점 가속화되는 기후변화에 효율적으로 대처하기 위해 세계는, 국가는, 우리 사회는, 그리고 개개인은 어떤 구체적인 노력을 해 나가야 할까요? 먼저 지구온난화가 발생하는 원인부터 차근차근 짚어보겠습니다.

바보야!
문제는 탄소야

앞에서 살짝 언급했던 것처럼 기후위기의 직접적인 원인은 지구온 난화입니다. 지구온난화란 온실가스 등이 대기 중에 잔류하면서 지 구 평균 기온이 상승하는 현상을 말합니다. 온실가스는 태양열을 모 두 반사하지 않고 대기 중에 남아서 지구 온도를 일정하게 유지하는 기능을 합니다. 그렇다면 온실가스는 무조건 나쁜 걸까요? 그렇지 않 습니다. 만약 온실가스가 없다면 태양 쪽 지구는 100도, 그 반대쪽은 -200도가 되어 생명체가 살 수 없을 겁니다. 따라서 어느 정도의 온실가 스는 우리가 지구에서 생존할 수 있도록 도와주는 고마운 존재입니다.

문제는 산업혁명 이래로 온실가스가 너무 급격하게 증가했다는 것 입니다. 화석연료 사용, 가축 사육, 쓰레기 매립, 에어로졸(대기 미립자)

발생, 토지의 과잉 이용과 산림 훼손 등 지구온난화 원인의 90% 이상이 인간의 활동에서 기인한 것입니다.

지구온난화를 유발하는 온실가스는 무엇으로 이루어져 있을까요? 온실가스는 이산화탄소(CO_2), 메탄(CH_4), 아산화질소(N_2O), 과불화탄소(PFCs), 수소불화탄소(HFCs), 육불화황(SF_6) 6개의 기체를 말합니다. 배출량 비중은 이산화탄소 77%, 메탄 14%, 아산화질소 8%, 이어 과불화탄소, 수소불화탄소, 육불화황 1% 순입니다. 배출량 비중으로 보면 이산화탄소가 온실가스의 대부분을 차지합니다. 연간 약 310억 톤의 이산화탄소가 대기 중에 방출된다고 하죠. 이 중 약 45%가 대기 중에 잔류하고, 나머지는 해양, 토양, 식물 등에 흡수됩니다. 대기 중에 잔류하는 이산화탄소가 지구온난화의 주범이 되고 있는 것입니다.

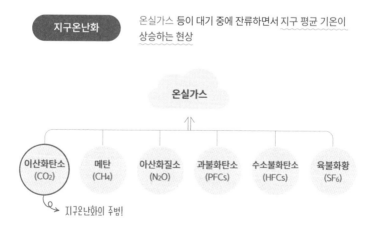

지구온난화 온실가스 등이 대기 중에 잔류하면서 지구 평균 기온이 상승하는 현상

온실가스

이산화탄소 (CO_2) / 메탄 (CH_4) / 아산화질소 (N_2O) / 과불화탄소 (PFCs) / 수소불화탄소 (HFCs) / 육불화황 (SF_6)

지구온난화의 주범!

유엔환경계획에 따르면 온실가스 배출은 전 세계적으로 1970년대에는 277억 톤 수준이었으나 2019년에는 591억 톤으로 2배가 훨씬 넘게 증가했다고 합니다. 우리나라도 1990년 2.92억 톤에서 2018년 7.28억 톤으로 2배 이상 배출이 증가했습니다. 특히 우려할 만한 일은 이산화탄소와 메탄 등 지구온난화를 일으키는 온실가스의 한반도 주변 농도가 지구 평균보다 높고, 악화 속도도 훨씬 빠르다는 겁니다. 또 온난화로 해수면이 계속 상승할 경우 2100년에는 한반도가 서울 면적의 4배만큼 침수될 것이라는 관측도 나왔습니다. 이처럼 탄소 배출은 더 이상 두고 볼 수 없는 문제가 되고 있습니다. 하루빨리 해결책을 찾고 적극적으로 실천하려는 의지와 노력이 필요합니다.

바다숲이 사라진다? 갯녹음 현상

바다에도 숲이 있다는 사실을 알고 계신가요? 미역이나 다시마와 같은 해조류가 무성한 곳을 '바다숲'이라고 합니다. 이 바다숲은 바다 생물에게 먹이와 생활 터전을 제공하는 것은 물론 바닷속 이산화탄소를 흡수하는 역할을 합니다. 육지의 숲이 그러하듯 바다 생태계에서 중요한 역할을 하고 있습니다. 최근 이러한 바다숲이 급격하게 사라지고 있다고 합니다. 바로 '갯녹음' 현상 때문인데요. 갯녹음 현상이란 바다의 환경을 깨끗하게 만들어주는 해조들이 하얗게 변해서 죽어가는 현상을 말합니다. 쉽게 말해서 갯녹음 현상은 바다가 사막화되는 과정입니다.

갯녹음 현상은 여러 환경 요인 때문에 발생합니다. 그중 가장 주된 요인으로 꼽히는 것이 이산화탄소입니다. 바다는 연간 일정량의 이산화탄소를 저장하는 역할을 합니다. 하지만 대기 중 이산화탄소가 늘어나면서 바다가 저장하는 이산화탄소의 양이 더욱 늘어나게 되었고, 이로 인해 원래 염기성이었던 바다가 산성으로 변하고 있습니다. 바다가 산성화되면서 어패류의 껍질이나 산호초 등이 부식되고 있습니다. 바다 생태계를 파괴하는 갯녹음 현상은 전 세계적으로 큰 문제로 인식되고 있습니다. 우리나라에서는 2009년부터 바다숲 조성 사업을 진행하고 있기도 하죠. 이는 갯녹음이 진행된 해역에 해조류를 이식하거나 포자를 방출해 해조 군락이 만들어질 수 있는 기반을 다지는 사업입니다.

갯녹음 현상의 발생 원인이 이산화탄소라는 사실이 명확한 만큼 생활 속에서 온실가스 배출량을 줄일 수 있는 노력이 필요해 보입니다. 미래에는 더욱 울창한 바다숲을 만날 수 있도록 우리가 먼저 나서서 작은 실천부터 시작해 보는 건 어떨까 합니다.

02

___

탄소야,
우리 그만 헤어져

에너지로 풀어보는
탄소 문제

지구온난화의 주범인 탄소 저감을 위해 우리는 무엇을 가장 먼저 실천해야 할까요? 에너지의 역사를 들여다보면 문제는 의외로 쉽게 풀릴 수 있습니다. 산업혁명이 시작된 이래 인류가 사용하고 있는 에너지의 특성을 비교해 보겠습니다.

현재 인류가 사용하는 에너지는 대부분 석유, 석탄, 천연가스를 태워서 얻거나 원자력발전 또는 신재생에너지 등에서 얻고 있습니다. 이 중 석유, 석탄, 천연가스는 수백만, 수억 년 전에 지구에서 살았던 식물이나 작은 바다생물의 화석(사체)으로부터 만들어졌기 때문에 화석연료라고 부릅니다. 화석연료의 연령은 대개 수백만 년 이상이고요. 물을 제외하고 생명체를 구성하는 가장 주된 성분은 탄소이기 때문에 화석연료의 탄소 함량은 매우 높습니다. 따라서 에너지를 얻기 위해 화석연료를 연소시키면 이산화탄소를 비롯한 질소산화물(NOx), 유황산화물(SOx) 등이 방출됩니다. 인류는 그동안 화석연료를 무분별하게 사용하면서 엄청난 탄소를 방출해 왔습니다. 이렇게 방출된 탄소는 기후위기와 환경 오염의 주범이 되어 지구온난화, 산성비, 호흡기 질환 등의 문제를 초래하고 있습니다. 한 가지 더 생각해야 할 점은 화석연료의 유한성입니다. 즉 우리가 필요한 만큼 무한정으로 공급받을 수 있는 에너지가 아니라는 것입니다.

화석연료의
무분별한 사용

막대한 양의
탄소 배출

기후위기와
환경 오염의 주범!

이제 한 발 더 들어가 화석연료의 분포와 특성에 대해 알아보도록 하겠습니다. 산업혁명부터 꾸준히 인류의 에너지원이 되어주고 있는 것은 석탄입니다. 석탄은 전 세계 각 대륙에 고루 분포되어 있으며 매장량 또한 비교적 풍부한 편입니다. 국제에너지기구(IEA)가 실시한 조사에 따르면 높은 비용을 부담하지 않고 캐낼 수 있는 석탄의 양은 약 1조 톤에 달한다고 합니다. 석탄의 절반 정도는 유럽과 북미 등의 선진국에 매장되어 있고, 나머지 절반은 개발도상국에 매장되어 있습니다. 특히 미국에 매장된 것이 약 4분의 1 정도입니다. 우리나라는 강원도, 경상북도 등지의 여러 곳에 석탄(무연탄) 광산이 분포해 있습니다. 다만 1980년대 이후 경제 성장에 따른 고급 에너지의 이용 증가로 석탄 소비량이 감소되어 현재는 석탄 생산량이 많지는 않습니다.

다음은 석유입니다. 석유는 세계적으로 가장 많이 사용되고 있는 화석연료입니다. 석유는 석탄과 달리 일부 지역에 편중되어 있습니다. 중동 지역과 러시아, 북미, 남미에 전체 부존량의 3분의 2 이상이 매장되어 있습니다. 특히 중동 지역은 석유를 더욱 많이 확보하기 위한 국가 간 또는 지역 간 갈등, 이스라엘과 아랍의 대립 등으로 정치 상황이 불안정합니다. 따라서 석유가 나지 않아 중동의 석유자원에 의존하는 국가들은 늘 불안한 형편에 놓여 있게 됩니다. 우리나라도 2004년부터 시작된 고유가 시대를 겪으면서 국가 경제적으로 많은 부담을 가질 수밖에 없었습니다.

천연가스도 중요한 화석연료입니다. 천연가스는 석유와 마찬가지로 분포가 지역적으로 편중되어 있는데, 3분의 2 이상이 중동과 미국, 구소련 지역에 매장되어 있습니다. 천연가스는 석탄, 석유와 비교해 대기오염물질 배출이 거의 없어 청정연료로의 장점이 있으며, 우리나라의 경우 도시가스 등 가정용과 발전용으로 많이 활용하고 있습니다. 버스 등의 대중교통에도 이러한 천연가스를 이용하면서 대기오염을 줄이는 데 기여했습니다. 그러나 화석연료로서 이산화탄소 배출량은 석유와 비슷하기 때문에 지구온난화에 미치는 영향은 부정적이라 할 수 있습니다.

이에 화석연료의 대안으로 원자력발전에 기대를 거는 사람들이 많이 있습니다. 원자력발전은 핵분열 연쇄 반응을 통해서 발생한 에너지로 만든 수증기로 터빈 발전기를 돌려 전기를 생산하는 방식입니다. 지금도 세계 많은 나라에서 성장 동력으로 키우고 있을 뿐만 아니라 미래 에너지의 대안으로 제시하기도 합니다. 실제로 원자력발전은 다른 발전 방식에 비해 초기 건설 비용이 높은 편이나, 연료비가 월등히 싸기 때문에 발전소의 긴 수명 기간을 통해서 볼 때 발전 비용이 가장 적게 드는 장점이 있습니다. 또한 화석연료를 태울 때 나오는 이산화탄소, 아황산가스, 질소산화물 등의 유해물질이 방출되지 않아 온실효과나 산성비로 인한 생태계 위협 요인들을 제거할 수 있습니다.

환경 보존 측면에서도 효과적이고, 기술 특성상 최첨단 기술이 종합되어야 하는 기술 집약형 발전 방식이므로 과학과 관련 산업의 발달을 크게 촉진할 수 있다는 장점도 있는 것이 사실입니다. 그러나 인류는 1986년 발생한 소련 체르노빌 원전 사고, 2011년 일본 동북부 지방을 관통한 대규모 지진과 쓰나미로 원자력발전소에서 방사능이 누출된 후쿠시마 원전 사고 등을 겪으며 원자력 발전의 위험성과 핵

폐기물 처리의 어려움을 목격했습니다. 이 사건들로 인해 안전이 매우 중요한 문제로 등극하게 되었죠. 앞으로도 원자력을 이용한 발전이 중요한 에너지원으로서 널리 사용되기 위해서는 안전 문제를 완전히 해결하는 것이 급선무가 될 것입니다.

한편 신재생에너지는 화석에너지의 고갈과 환경 문제의 핵심 해결 방안이며, 탄소를 배출하지 않는 신성장 동력 및 친환경 에너지 산업이라고 말하는 전문가들이 많습니다. 신재생에너지는 수소, 연료전지, 석탄 액화·가스화 및 중질잔사유 가스화 등 신에너지 3개 분야와 태양광, 태양열, 바이오, 풍력, 수력, 해양, 폐기물, 지열 등 재생에너지 8개 분야, 총 11개원으로 구성되어 있습니다. 최근 들어 유가의 불안정, 기후변화협약 규제 대응 등으로 신재생에너지의 중요성이 재인식되면서 에너지 공급 방식의 다양화 필요성이 대두되고 있습니다. 이에 따라 선진국에서는 신재생에너지에 대한 꾸준한 연구 개발과 보급 정책 등을 적극적으로 추진 중입니다.

IEA에 따르면 2030년 전 세계의 에너지 수요 증가율은 2017년 대비 재생에너지 45%, 천연가스와 원자력 23%, 원유 9%, 석탄 0.9%로 재생에너지 산업이 가장 크게 발전할 전망입니다. 우리나라도 2030년까지 1차 에너지의 20%를 신재생에너지로 보급하겠다는 중장기 목표를 세우고 기술 개발과 보급 사업 등에 지원을 강화하고 있습니다. 대부분은 태양광, 풍력발전 등을 중심으로 추진되고 있습니다.

발전원별 이산화탄소 배출계수

※ IAEA 자료(단위: g/kWh)

아직은 효율성, 저렴한 전기요금, 주민 수용성 등의 문제가 발전의 걸림돌이 되고 있습니다. 하지만 날로 발전하는 기술력, 그리고 적극적인 소통과 적합한 사업 모델 개발 등을 통해 이러한 문제들을 해결해 나갈 것으로 보입니다.

향후 에너지 수요 감소에 대비한 신재생에너지 기초 분야 기술 개발, 에너지 관련 스마트 산업 육성, 스마트계량기 보급 등을 통한 혁신적인 효율 향상이 이루어져 탄소중립을 향한 미래의 에너지원으로써 자리매김하기를 기대합니다.

탈탄소 정책을 위한
각국의 목표

석유와 석탄에 지나치게 의존하는 기존 에너지 산업 구조가 저탄소 방향으로 흘러가는 것은 이제 전 세계적으로 당연한 현상입니다. 많은 전문가들이 화석에너지 고갈에 대처할 수 있는 신성장 동력이자 기후위기를 근본적으로 해결할 수 있는 해결 방안으로 신재생에너지 산업을 제시하고 있습니다. 사정이 이렇다 보니 세계 주요국들도 재생에너지 확산을 위해 발 빠른 움직임을 보이고 있습니다.

우선 미국은 중국에 이어 세계 탄소 배출 2위 국가입니다. 미국의 바이든 대통령은 취임하자마자 백악관에서 최초로 '파리기후변화협약'에 복귀하는 행정명령에 서명했습니다. 그만큼 친환경 정책을 강조하고 있는 것이죠. 바이든 대통령은 행정부 출범에 맞춰 현재 미국 전력 생산의 60% 이상을 차지하는 석탄과 천연가스를 신재생에너지로 대체하겠다고 선언했습니다. 목표는 2035년까지 전력발전 부문 탄소 배출량을 '0'으로 만들고, 2050년까지 배출량만큼 탄소를 흡수해 실질 배출량을 '0'으로 만드는 것입니다. 더불어 재생에너지로의 전환, 도로·상하수도·전력망 등 에너지 효율을 높이는 인프라 개보수, 에너지 절약형 빌딩과 주택 건설, 전기차 보급에 2조 달러 규모의 투자도 제안했습니다. 대한무역투자진흥공사가 최근 발표한 「미국 재생에너지 시장 및 에너지 전환 동향」 보고서에 따르면 미국은 태양광발전을 2050년까지 전체 재생에너지 발전 비중의 47%를 차지하는 핵심 에너지원으로 성장시키기 위해 대대적인 투자와 정책 지원을 할 것으로 보입니다. 관련 기업들의 투자도 이어져 2022년까지 재생에너지 산업 투자액은 390억 달러를 넘어설 것으로 전망되고 있습니다. 이 보고서에 따르면 애리조나, 캘리포니아, 텍사스 지역을 중심으로 주거용 태양광발전 설비 설치가 급속히 늘고 있으며, 동시에 태양광발전 설비에 대한 투자세액공제 만기 연장으로 시장 여건이 개선되고 있다고 합니다.

미국은 주(州) 정부를 중심으로 재생에너지 확대 정책을 활발하게 추진하고 있습니다. 예를 들면 2030년 목표로 코네티컷주 48%, 뉴저지주 50% 등이 있습니다. 캘리포니아주는 2045년까지 100% 재생에너지 도시를 목표로 내세우고 있습니다.

다음은 유럽으로 가보겠습니다. 유럽을 이끄는 두 축인 EU 집행 위원회와 유럽중앙은행은 2019년 말부터 기후변화 대응을 위한 녹색 정책을 최우선 과제로 추진해 왔습니다. 유럽의 목표도 미국과 마찬 가지로 2050년까지 탄소 순배출량을 '0'으로 만드는 것입니다. 이에 EU는 2030년까지 최종에너지 소비 중 재생에너지가 차지하는 비중을 27%에서 32%로 확대하겠다고 목표를 상향했습니다. 특히 독일은 재 생에너지 비중 목표를 65%, 프랑스는 40%로 잡았습니다. 이를 위해 태양광 등 재생에너지 분야 기업에 대출 규제를 완화해 주고, 화석연 료 사업에 대한 투자는 대폭 줄이는 등 녹색 정책을 지속적으로 추진 해 나가고 있습니다. 이미 서유럽 국가에선 풍력과 태양광 등 재생에 너지 발전 단가가 기존 에너지원을 밑돌고 있습니다. 각국의 정부가 2000년대 초반부터 재생에너지 분야 투자에 주력했기 때문입니다.

- 전력 생산의 60% 이상을 신재생에너지로 대체
- 재생에너지에 대한 대대적인 투자와 지원

- 2030년까지 최종에너지 소비 중 재생에너지 비중 27% ┈▶ 32% 확대
- 프랑스는 40%, 독일은 65% 확대

유럽의 대표적인 석유 업체들도 석유를 대체할 재생에너지 산업 투자에 박차를 가하고 있습니다. 영국 최대 에너지 업체인 브리티시 페트롤리엄은 EU의 녹색 정책에 맞춰 2050년까지 탄소 배출을 '0'으로 만들겠다고 선언했습니다. 석유 채굴을 통해 번 돈을 풍력과 태양광 등 재생에너지 산업에 투자하겠다고 밝힌 것이죠. 석유 생산 시설 규모는 더 이상 늘리지 않을 예정이라고 합니다. 프랑스 최대 석유 업체인 토탈도 재생에너지 산업에 적극적으로 투자하며 종합 에너지 기업으로 탈바꿈하겠다는 계획을 세웠습니다.

한편 우리나라와 동북아시아의 신재생에너지 정책에는 어떤 것들이 있을까요? 먼저 일본의 2021년 에너지 기본 계획을 살펴보면, 일본의 전력 수요는 2030년까지 원자력발전 20~22%, 태양광·풍력 등 재생에너지 22~24%, 석탄·액화천연가스 등 화력발전 56%로 명시되어 있습니다. 세계가 기후위기 대응에 적극적인 움직임을 보이는 것과 달리 일본은 높은 화력발전 의존도를 보여 온 것이죠. 그러나 최근 일본 내에서도 적극적인 에너지 전환을 요구하는 목소리가 커지고 있습니다. 이에 2050년까지 탄소중립 달성 목표를 발표하며 적극적인 기후위기 대응 의지를 드러내고 있습니다. 재생에너지 도입 확대를 위해 국립공원 내 재생에너지 발전 설비의 설치 규제를 완화하는 한편, 2050년 탄소중립 방침을 선언한 지자체를 대상으로 재생에너지 인프라 투자와 전기 자동차의 보급 확대를 지원하고 있습니다. 일본 정부는 2050년 탄소중립 목표 실현을 위해서는 재생에너지 도입 확대가 급선무라고 판단하고, 송전망을 복선화해 확충한다는 계획입니다. 또한 탈탄소 전환을 위해 해상풍력 도입을 적극적으로 추진하고 있습니다.

중국은 세계 탄소 배출 1위 국가이면서도 태양광, 풍력 등 재생에너지 생산량 1위 국가입니다. 재생에너지 분야에 투자와 개발 비중을 두면서 화석연료의 전환기를 맞고 있다고 해도 과언이 아닙니다. 지난 10년간 중국의 풍력발전은 22배 증가했으며, 태양광발전은 무려 700배가 증가했습니다. 수력을 포함한 세계 재생에너지에서 중국이 차지하는 비중 또한 최근 30%에 달해 2위인 미국과도 큰 격차를 보입니다. 중국의 재생에너지 관련 특허 출원 또한 2009년에 일찌감치 일본을 제치고 1위를 차지했습니다. 국제재생에너지기구에서도 재생에너지로의 전환이 세계적으로 진전되면 많은 투자를 계속해 온 중국의 영향력이 강해질 것으로 내다보고 있습니다. 중국은 2060년을 목표로 탄소중립을 선언했습니다. 중국이 세계 1위 탄소 배출국임을 고려한다면 이 선언은 중국의 기후변화 대응 전략이자 현대화 목표를 달성하기 위한 것이란 해석이 가능합니다. 특히 태양광과 풍력발전을 통한 에너지 공급 확대에 적극적으로 나서고 있으며, 증설에 한계가 있는 수력발전이나 안전성 우려가 커지고 있는 원자력발전에 대해서는 유보적인 편입니다.

탄소경제에서 벗어나자,
재생에너지 3020

우리 정부도 화석연료에 의존해 온 에너지원을 안전하고 깨끗한 신재생에너지로 전환하기 위해 다양한 노력을 기울이고 있습니다. 그 중 가장 먼저 주목할 것은 '재생에너지 3020 이행계획'입니다. 골자는 2017년 기준 7.6%에 불과한 재생에너지 발전 비중을 2030년까지 20%로 끌어올리는 것입니다. 원자력, 석탄화력발전소는 그만큼 단계적, 상대적으로 축소되겠죠? 우리나라는 재생에너지 가운데서도 특히 태양광과 풍력발전의 공급을 늘리는 데 집중합니다. 2030년까지 신규 설비 용량의 95% 이상을 태양광과 풍력발전으로 공급하는 것이 목표입니다.

재생에너지 발전 비중

※ 산업통상자원부

2016	**7.0**%
2022	**10.5**%
2030	**20.0**%

주요 이행계획은 다음과 같습니다. 가장 먼저 국민 참여를 확대해 나갈 것입니다. 도시형 태양광 보급 사업을 확대하고, 생산한 전력 중 소비하고 남은 잉여 전력은 현금으로 돌려주는 등 상계거래제도를 개선해 나갈 것입니다. 그리고 제로에너지건축물 인증 의무화를 통해 재생에너지 기반 건축물을 확산하고, 협동조합이 참여한 사업, 시민 참여 펀드가 투자된 사업 등에 인센티브를 제공합니다. 한편으로는 농업 진흥 구역 내 염해 간척지, 농업 진흥 구역 이외 농지, 농업용 저수지 등에 태양광 설치를 활성화하여 농촌 태양광 보급을 확대할 계획입니다.

지자체가 주도하여 계획입지제도를 도입해 나갈 것입니다. 주민들의 재생에너지 수용성, 환경성을 사전에 확보하고, 계획입지제도 도입을 추진합니다. 지자체 주도로 발굴한 부지는 관계 부처의 협의를 통해 입지 적정성 검토 후 재생에너지 발전 기구로 지정하는 등 사업자에 대한 원활한 추진을 지원합니다.

재생에너지 보급 및 확대를 단계적으로 추진해 나갈 것입니다. 1단계(2018~2022년)에는 민간과 공공기관이 제안한 프로젝트 가운데 5GW 규모의 프로젝트를 집중적으로 추진합니다. 2단계(2023~2030년)에는 대형 발전사의 재생에너지공급의무화(RPS) 비율을 단계적으로 상향 조정하여 대규모 프로젝트 추진을 유도합니다.

재생에너지 보급 여건을 개선해 나갈 것입니다. 농업 진흥 구역 내 규제를 완화하고, 공유재산제도를 개선하는 등 재생에너지 보급을 저해하는 각종 제도를 과감히 개선해 나갈 것입니다. 동시에 지역별 보급 계획 수립, 전담 조직 보강 등 지자체의 역량 강화를 지원하고 중앙정부와 지자체 간 재생에너지 정책 협의회를 상시 운영하여 소통을 강화합니다.

환경을 고려한 재생에너지를 확대할 것입니다. 폐기물, 우드펠릿 등에 대한 REC 가중치를 축소하고, 비재생 폐기물※을 재생에너지에서 제외하는 것을 추진할 계획입니다. 그리고 태양광 폐모듈 재활용센터 건립, 풍력 대형블레이드 등에 대한 폐기 지침도 만들 예정입니다.

※ 비재생 폐기물
 산업 폐기물, 폐기물 고형연료, 생활 쓰레기, 대형 도시 쓰레기 중 생물학적으로 분해되지 않는 폐기물

재생에너지 3020 이행계획은 깨끗한 에너지와 환경을 중시하는 국민의 목소리에 따른 것이며, 동시에 국제적 의무를 따른 것입니다. 목표가 정해진 만큼 이제 남은 것은 실천입니다. 재생에너지 3020 이행계획의 근간은 그동안 정부의 주도하에 이루어졌던 에너지 산업에 민간의 적극적인 참여를 유도한다는 것입니다. 국민 개개인이 재생에너지 산업에 더욱 관심을 가지고, 적극적으로 참여하는 마음을 가져야 합니다.

재생에너지 3020 이행계획 추진 전략

※ 산업통상자원부

목표
2030년까지 재생에너지 발전 비중 20%까지 공급

1 신규 설비 용량의 95% 이상을 태양광·풍력 등 청정에너지로 공급

2 외지인·사업자 중심에서 지역주민·일반국민의 참여 유도

3 개별 입지 개발에서 대규모 프로젝트를 통한 계획적 개발로 방식 전환

선택 아닌 필수,
탄소중립과 그린뉴딜

2020년 10월 28일, 문재인 대통령은 국회 시정 연설에서 "국제사회와 함께 기후변화에 적극 대응하여 2050년 탄소중립을 목표로 나아가겠다"고 말했습니다. 탄소중립이란 기업이나 개인이 발생시킨 온실가스 배출량만큼 온실가스를 흡수해 실질적인 배출량을 '0'으로 만든다는 개념입니다. 탄소중립을 통해 기후 악당국이라는 오명을 씻겠다는 의지로 보입니다. 이것이 선언에 그치지 않고 적극적인 추진으로 소기의 성과를 일궈내기를 바라는 마음입니다. 그렇다면 우리는 탄소중립을 실현하기 위해 어떤 정책을 추진하고 있을까요? 우선 앞에서 언급한 '재생에너지 3020 이행계획'이 있습니다. 그리고 2020년 우리 정부가 발표한 '그린뉴딜' 정책입니다.

혹시 학창 시절에 배웠던 뉴딜(New Deal) 정책을 기억하시나요? 뉴딜이란 1930년대 대공황 당시 미국 제32대 대통령 프랭클린 루스벨트가 추진한 경제 부흥 정책의 이름입니다. 정부가 적극적으로 개입해 자유주의 경제를 수정했다는 점에서 미국 역사상 획기적인 의의를 가집니다.

대공황은 1929년 10월 미국 주식 시장에서 촉발되었으며 곧 전 세계로 퍼져 나갔습니다. 1933년 미국의 실업률은 3%에서 25%까지 치솟았습니다. 농업, 광업, 목재업, 공업 등 모든 산업이 큰 피해를 입었죠. 이런 상황이 지속되자 루스벨트 대통령은 금융권을 강력하게 규제하기 시작했습니다. 댐, 발전소 등의 공공 건설 사업을 통해 일자리를 늘리고 과잉 공급으로 무너졌던 농업 시장을 조절해 나갔습니다. 그 결과 미국은 불과 4년 만에 대공황을 극복했습니다. 이후 미국의 뉴딜 정책은 경제 위기 상황이나 일자리 정책을 논할 때마다 자주 언급되어 왔습니다.

이렇듯 말로만 듣던 뉴딜이 2020년 7월, 우리나라에서도 들리기 시작했습니다. '한국판 뉴딜'이라는 새로운 이름으로 국가 발전 전략이 발표된 것입니다. 이어서 9월에는 성공적인 추진을 목표로 하는 국민 참여형 펀드 조성 계획을 발표했습니다. 코로나19로 인해 더욱 악화되고 있는 경기 침체와 일자리 부족 문제를 해결하기 위한 방침이었습니다. 더 나아가 글로벌 경제를 주도하기 위한 정책이기도 합니다. 한국판 뉴딜은 향후 5년간의 장기 경기 부양책으로 크게 3가지

정책 방향을 제시합니다. 디지털뉴딜, 그린뉴딜, 그리고 휴먼뉴딜입니다. 이 책에서 다루는 분야는 에너지이기에 이 중 그린뉴딜에 대해 보다 상세한 설명을 이어가려 합니다.

그린뉴딜은 전 세계적으로 팽배해지는 기후위기에 대응하기 위한 정책이라 할 수 있습니다. '그린뉴딜'이라는 용어는 2007년 『뉴욕 타임스』에서 처음으로 언급되었고, 2008년 유엔환경계획이 그린뉴딜을 홍보하기 시작하면서 세계적으로 널리 알려졌습니다. 이후 주요 선진국들은 저탄소 경제 사회로의 이행을 추진하기 위해 그린뉴딜을 주요 정책 과제 중 하나로 선정하고 있습니다.

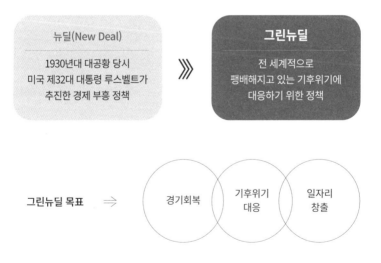

한국판 그린뉴딜은 저탄소·분산형 에너지 확산(ESS 평가지표 개발), 이산화탄소 포집 및 활용·저장(CCUS) 기술 개발 등을 주요 골자로 합니다. 2020년부터 2025년까지 대규모 투자가 이루어질 그린뉴딜 사업에 대해 더 자세히 알아보도록 하겠습니다.

뉴딜,
미래 에너지를 부탁해

우리나라는 온실가스 배출이 계속 증가하고 있고, 탄소 중심의 산업 생태계가 아직 유지되고 있기 때문에 그린뉴딜에서는 다소 후발주자라고 볼 수 있습니다. 정부는 코로나19를 계기로 기후변화 대응과 저탄소 사회 전환이 더욱 시급해졌다고 판단하고, 생활 환경을 녹색으로 전환하고 저탄소·분산형으로 에너지 산업을 확산해 나갈 계획임을 밝혔습니다.

한국판 그린뉴딜은 '녹색성장'의 업그레이드 버전으로, 녹색성장이 성장에 초점을 맞췄다면 그린뉴딜은 디지털화를 심화하고 기후변화 대응을 위한 지속 가능성에 중점을 두었습니다. 또한 에너지 전환 등 환경에 대한 투자를 통해 경기를 부양하고 고용을 촉진할 것입니다.

저탄소 경제 구조로의 전환을 통해 2030년 온실가스 감축 목표와 재생에너지 3020 이행계획이라는 두 마리 토끼를 동시에 잡겠다는 겁니다. 2025년까지 자그마치 국비 73조 4,000억 원을 투자하여 추진하는 그린뉴딜 사업의 주요 과제에는 어떤 것들이 있는지 알아보도록 하겠습니다.

도시·공간·생활 인프라를 녹색 친화적으로 전환해 갈 것입니다. 즉, 인간과 자연이 공존하는 미래 사회를 구현하기 위해 녹색 친화적인 생활 환경을 조성하는 것이죠. 구체적인 사업 내용으로는 공공시설의 제로에너지화, 국토·해양·도시의 녹색 생태계 회복, 깨끗하고 안전한 물 관리 체계 구축 등이 있습니다.

저탄소·분산형으로 에너지 산업을 확산해 갈 것입니다. 적극적인 연구 개발 및 설비 투자로 지속 가능한 신재생에너지로의 전환을 추진하려는 것이죠. 이를 위해 스마트 전력망이나 전선 지중화 등 에너지를 효율적으로 관리할 수 있는 기반을 마련하고, 스마트 그리드로 지능형 전력망 시스템을 만들 계획입니다. 그리고 신재생에너지 확산을 위한 기반 구축과 공정한 전환 지원, 전기차·수소차 등 그린 모빌리티 보급 확대를 추진합니다.

녹색 산업 혁신 생태계를 구축할 것입니다. 기후위기 대응을 위해 전략적으로 녹색 산업을 발굴하고 지원하는 인프라를 확충하는 것이 목표입니다. 녹색 산업을 선도할 유망 기업을 육성하고 저탄소 녹색 산업단지를 조성하며 온실가스 감축 및 미세먼지 대응을 위한 연구 개발, 금융 등을 지원해 성장 기반을 마련해 갈 것입니다.

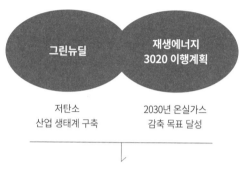

그린뉴딜 / 재생에너지 3020 이행계획

저탄소
산업 생태계 구축

2030년 온실가스
감축 목표 달성

경제 성장과 기후위기 대응이라는 두 마리 토끼를
동시에 잡겠다는 것

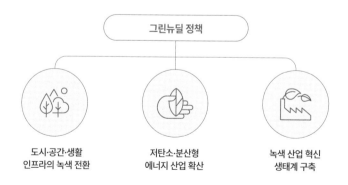

그린뉴딜 정책

도시·공간·생활
인프라의 녹색 전환

저탄소·분산형
에너지 산업 확산

녹색 산업 혁신
생태계 구축

우리나라뿐 아니라 미국, EU, 일본 등 세계 주요국들도 탄소중립을 실현하기 위한 정책을 발표하고 있습니다. 특히 그린에너지와 친환경 미래 모빌리티 산업에 대한 투자는 해외에서도 활발합니다. 예를 들어, 미국 캘리포니아주는 2045년까지 100% 친환경 재생에너지로의 전환을 발표했습니다. 동시에 내연기관차에서 발생하는 탄소 배출량을 줄이기 위해 새로 출시하는 내연기관차의 판매를 중단하는 장기 계획도 공개했습니다.

　한 가지 더 신경 쓸 일이 있다면 향후 EU를 중심으로 온실가스 감축 실적과 연계한 무역 제재가 진행될 수도 있다는 것입니다. 개별 국가 정책을 국제 규범과 연계시키는 것입니다. 이런 점들을 고려한다면 해당 분야에 대한 정부의 대응은 강화될 수밖에 없는 상황입니다. 우리 정부가 주도하는 그린뉴딜이 친환경 산업에 대한 국민들의 지속적인 관심과 적극적 참여를 끌어낼 수 있게 되기를, 그래서 급변하는 세계 정세 속에서 우리나라가 탄소중립 경제에 대한 경쟁력을 확보할 수 있게 되기를 바랍니다.

여기서 잠깐!
탄소에 세금을 부과한다고? 탄소국경세

2019년 EU 집행위원회는 탄소 배출 제로를 목표로 하는 유럽 그린딜(European Green Deal)을 발표했습니다. 이를 위한 제도적 장치로 탄소국경세를 추진할 것이라 합니다. EU가 추진 중인 탄소국경세란 무엇일까요?

탄소국경세는 EU로 수입되는 제품 중 자국보다 탄소 배출이 많은 국가에서 생산된 제품에 관세를 부과하는 제도입니다. 쉽게 말해서 탄소에 세금을 부과하는 것이죠. EU가 탄소에 세금을 부과하려는 이유는 크게 두 가지입니다. 하나는 환경오염 물질을 배출한 당사자가 직접 비용을 부담하게 하려는 것이고, 다른 하나는 탄소 누출 현상을 방지하려는 것입니다. 탄소 누출이란 탄소 규제로 생산 비용의 상승을 우려한 기업이 탄소 규제가 약한 국가로 생산 시설을 이전하려는 현상을 말합니다.

EU는 탄소 규제로 경제적 불이익을 얻게 될 국가를 위해 탄소 규제를 받지 않는 지역에서 생산된 제품에 관세를 부과하려는 것입니다. 물론 아직 해결해야 할 숙제도 많습니다. 개발도상국처럼 탄소 배출을 줄이기 위한 기술과 역량이 부족한 국가에 관세를 부과하는 것이 정당한지에 대한 우려도 있고요. 따라서 일방적으로 관세를 부과할 것이 아니라 탄소 배출 규제가 약한 국가들에 탄소 배출을 줄일 수 있는 재정적·기술적 지원이 필요합니다. 또한 탄소국경세에 대한 공정한 기준이 마련되어야 하며 세계 무역 규범에 부합하는지도 고려해야 합니다.

03

신재생에너지야,
새로운 만남을 기대해

에너지의 Next Generation,
신재생에너지

기후위기는 〈투모로우〉, 〈불편한 진실〉, 〈홈〉, 〈비포 더 플러드〉와 같은 재난 영화에서 묘사되었듯이 우리의 생각보다도 더 가까이 다가오고 있습니다. 세계 각지에서 일어나고 있는 홍수와 가뭄, 그리고 사람을 집어삼키는 어마어마한 태풍, 찌는 듯한 더위와 해수면 상승으로 인한 침수, 이로 인해 생기는 기근, 전염병 등으로 온 세계가 몸살을 앓고 있죠. 이제는 우리가 물질문명이 가져다준 '달콤한 탐욕'을 줄이고 에너지 전환을 위한 방법을 모색해야 할 것입니다.

에너지 전환을 위해 우리가 할 수 있는 대표적인 방법이 신재생에너지의 개발과 보급입니다. 신재생에너지란 기존의 화석연료를 변환시켜 이용하거나 수소, 산소 등의 화학반응을 통해 전기 또는 열을 이용하는 신에너지와 햇빛, 물, 지열, 강수, 생물 유기체 등을 포함하는 재생 가능한 에너지를 변환시켜 이용하는 재생에너지를 뜻합니다. 신재생에너지는 총 11개 분야로 구성되어 있으며 수소, 연료전지, 석탄 액화·가스화 등 신에너지 3개 분야와 태양광, 태양열, 바이오, 풍력, 수력, 해양, 지열, 폐기물 등 재생에너지 8개 분야를 포함합니다. 신재생에너지에 대한 정의와 대략적인 소개는 다음과 같습니다.

· 태양광에너지

태양광발전 시스템을 이용해 햇빛 에너지를 전기에너지로 바꾸는 것을 말합니다. 태양광발전 시스템은 태양전지, 모듈, 축전지 및 전력 변환 장치로 구성되어 있습니다.

· 태양열에너지

태양으로부터 발생한 열을 이용해 만드는 에너지를 말합니다. 태양열로 물을 끓여 증기를 발생시킨 후 열교환기를 이용해 전기에너지를 생산합니다. 태양열에너지 시스템은 집열부, 축열부 및 이용부로 구성되어 있습니다.

- 바이오에너지

  버드나무, 밀, 사탕수수, 옥수수 등의 식자재와 해조류, 광
  합성세균, 음식물 쓰레기, 축산 폐기물 등의 유기성 폐기물
  에서 얻어지는 에너지를 말합니다.

- 풍력에너지

  바람이 가지는 운동에너지를 블레이드를 통해 기계적인 회
  전력으로 변환하고, 그 회전력으로 발전기를 돌려 전기를
  생산합니다. 풍력발전 시스템은 운동량 변환 장치, 동력 전
  달 장치, 동력 변환 장치 및 제어 장치로 구성되어 있습니다.

- 지열에너지

  지하수 및 땅속의 열을 이용한 에너지로 지표면과 가까운
  얕은 곳에서부터 깊숙한 곳까지 다양한 방식으로 이용 가
  능합니다. 크게 심부 지열과 천부 지열로 나뉩니다.

- 폐기물에너지

  일상생활에서 배출하는 각종 폐기물 중 에너지 함량이 높
  은 가연성 폐기물을 변환 과정을 거쳐 여러 형태의 연료로
  생산하는 것을 말합니다.

- 수력에너지

  물의 낙하 또는 압력에 의해 생기는 힘을 말하며 이 힘을 이용해 전기를 만들어내는 것을 수력발전이라고 합니다. 수력발전은 하천, 호수 등의 물이 가진 유동에너지를 수차를 이용하여 기계에너지로 변환하고, 이것을 다시 전기에너지로 변환하는 발전 방식입니다.

- 해양에너지

  해양의 조수·파도·해류·온도차 등을 변환시켜 전기 또는 열에너지를 생산합니다. 해양에너지는 크게 조석 간만의 차로 해수면의 높이가 변하는 것을 이용하는 조력발전, 파도의 상하 운동에너지를 이용하는 파력발전, 조류의 흐름에 영향을 받아 에너지를 발생시키는 방식인 조류발전, 수심에 따라 다른 바닷물의 온도 차를 이용한 온도차발전 4가지로 나뉩니다.

- 수소에너지

  물, 유기물, 화석연료 등의 화합물 형태로 존재하는 수소를 연소시켜 얻어내는 에너지를 말합니다. 수소에너지는 물의 전기분해로 쉽게 제조할 수 있으며 연소시켜도 산소와 결합하여 다시 물로 변하는 특징이 있습니다. 이 때문에 미래의 지속 가능한 친환경 에너지원으로 꼽힙니다.

- 연료전지

연소에너지를 전기에너지로 바꾸는 전지를 말합니다. 일반 건전지와 달리 외부에서 계속 연료를 공급한다면 지속적으로 전기에너지를 얻을 수 있습니다. 연료전지의 종류는 다양하나 가장 활발하게 연구가 이루어지고 있는 분야는 수소 연료전지입니다. 수소 연료전지는 전기를 이용해 물을 수소와 산소로 분해하는 것을 역이용하여 전기에너지를 얻습니다.

- 석탄 액화·가스화

석탄을 온실가스 배출 없이 사용할 수 있는 방법입니다. 석탄 가스화는 높은 온도와 기압에서 석탄에 수소와 산소를 반응시켜 합성가스를 얻는 기술입니다. 석탄 액화는 석탄을 액체 상태의 연료로 변환하는 기술입니다. 석탄을 석유와 비슷한 연체 연료로 제조하는 것입니다.

태양광에너지에 대한
오해는 그만

2004년 정부는 '장기 청정 기술 로드맵'이라는 이름의 재생에너지 추진 계획을 마련한 적이 있습니다. 우리나라 신재생에너지 계획의 바탕이라 할 수 있죠. 그런데 아직도 선진국에 비해 적극적인 추진이 이루어지지 못했다는 평가를 받고 있습니다. 그래서인지 우리나라에서 신재생에너지하면 여전히 미래 성장 동력 또는 차세대 에너지원으로 생각하는 것 같습니다. 그때나 지금이나 신재생에너지는 여전히 '미래의 일'로 남아있다는 느낌을 지울 수 없습니다. 이미 세계 주요국들 사이에서 신재생에너지 발전은 국가 경쟁력이 되고 있습니다. 심지어 신재생에너지 발전을 추진하지 않는 국가에 대해서는 탄소 저감 압박까지 검토하고 있습니다. 이러한 세계 정세 속에서 우리나라도 이제는 목표를 세우는 데서 그칠 것이 아니라 보다 구체적인 성장과 보급을 추진해야 합니다.

그런데 막상 신재생에너지 현장을 살펴보면 종종 역설적인 모습을 볼 수 있습니다. 태양광이든 풍력이든 재생에너지를 옹호하는 쪽도 환경단체, 반대하는 쪽도 환경단체인 경우가 많은 겁니다. "신재생에너지 보급으로 온실가스를 줄이고 지구의 기후위기를 막아야 한다." "나무를 베어 설치하는 태양광을 막아야 한다." "주민들이 누려야 할 자연환경을 해쳐서는 안 된다." 이런 의견들 모두 환경단체의 입장입니다. 이렇듯 환경단체의 입장이 서로 다른 원인은 신재생에너지에 대한 몇 가지 오해들 때문입니다. 그중에서도 특히 태양광에 대한 오해가 가장 심각한 것 같습니다. 이번 장에서는 바로 이 태양광과 관련된 몇 가지 오해들을 중심으로 설명해 보겠습니다.

가장 많이 퍼져있는 오해는 태양광발전 설비의 전자파가 인체에 나쁘다는 겁니다. 태양광의 전자파는 인버터라는 전력 변환 장치 주변에서 나옵니다. 한국화학융합시험연구원에 따르면 여기서 나오는 전자파의 세기는 정부의 전자파 인체 보호 기준인 833mG보다 매우 낮은 1%* 이하입니다. 쉽게 말해서 인체에 거의 무해하다는 것입니

---

* 참고로 태양광 인버터(3kW)의 전자파 세기는 7.6mG, 휴대용 안마기는 110.75mG, 전자오븐은 56.4mG, 전자레인지는 29.2mG입니다.

다. 그러니까 태양광 인버터에서 나오는 전자파는 우리가 일상에서 흔히 사용하는 생활 가전의 전자파 세기보다 낮은 수준입니다.

태양광 패널이 미관상 보기 흉하다는 의견도 있습니다. 특히 농촌 지역에 빽빽이 들어선 패널이 흉물스럽다고들 하죠. 정말 그럴까요? 태양광이 설치되는 지역은 주로 농촌 지역입니다. 농촌에는 채소나 과일을 재배하기 위한 비닐하우스를 많이 볼 수 있습니다. 우리가 비닐하우스에도 이렇게 미관의 이유를 들어가며 반대한 일이 있을까요? 태양광 패널이 보기 흉하다고 반대하는 것은 지극히 주관적인 관점이 아닌가 생각됩니다. 이러한 오해를 불식시키고 태양광 시설물이 대중화되어 농촌, 산간의 경관과 보다 잘 어우러지게 배치되기를 바랍니다.

태양광 패널이 심한 눈부심을 유발한다는 것 또한 오해입니다. 한 가지 예를 들어볼까요? 최근 소식에 의하면 국내 최대 태양광단지가 전북 군산시 새만금 지역에 조성될 예정이라고 합니다. 이 경우 태양광 주요 기업들이 전북 지역으로 몰리면서 지역 경제 활성화에도 기여하리라는 것은 충분히 예상되는 바입니다. 그런데 이와 관련해 군산 비행장의 미군 조종사들이 우려를 표시했다고 합니다. "(태양광) 패널 빛 반사가 군의 비행 작전에 지장을 줄 수 있다"고 말입니다. 하지만 이는 사실이 아닙니다. 태양광 패널의 빛 반사율은 유리의 반사율보다도 적습니다. 태양광으로 전기를 많이 생산하려면 빛의 반사는 최대한 줄이고 흡수율을 높여야 합니다. 그래서 태양광 모듈에는 특수 유리와 반사 방지 코팅 기술이 적용되어 빈사율을 최대한 낮추고 있습니다. 게다가 우리 주변에 존재하는 모든 시설물에는 빛 반사가 존재합니다. 태양광의 빛 반사율은 5~6%로 우리 주변에서 흔히 볼 수 있는 건축물의 외장 유리, 비닐하우스 또는 수면의 빛 반사율보다 낮습니다.

태양광발전 설비가 주변 환경에 피해를 준다는 것도 낭설입니다. 2011년 건국대학교와 한국화학융합시험연구원이 200기의 태양광발전소 주변과 일반 지역을 비교했을 때, 지역 간 특이한 차이점은 없었습니다. 발전소 주변 74개의 축사와 인근 지역의 일조량, 대기의 온·습도, 가축의 체중 변화 및 스트레스 호르몬 등을 분석한 결과였습니다. 태양광발전소 주변 지역을 열화상 촬영한 결과 인접한 지역과의 온도 차이도 발생하지 않았습니다. 오히려 독일 바바리아에서는 가축들을 태양광발전 설비 주변에 방목해 태양광발전 수익과 축산 수익이라는 두 마리 토끼를 동시에 잡고 있습니다.

또 하나는 태양광 모듈을 세척할 때 주변 토양과 지하수가 오염된다는 겁니다. 태양광 모듈 위에 먼지가 쌓이면 태양 빛의 흡수율이 낮아져서 전기 생산량이 줄어들 수밖에 없습니다. 이를 방지하기 위해 태양광발전소에서는 빗물, 지하수, 수돗물 등을 이용해 모듈 위에 쌓인 먼지를 세척합니다. 태양광 모듈은 밀폐되어 있고 표면에는 유해

성분이 포함되어 있지 않아 공기, 물 등에 오염물질이 유출되지 않습니다. 따라서 모듈을 세척할 때 주변 토양이나 지하수를 오염시킨다는 것은 낭설에 불과합니다.

패널이 중금속 덩어리라 땅을 오염시킨다는 것도 오해입니다. 패널의 주재료는 실리콘입니다. 미국의 일부 업체에서 카드뮴 소재를 사용한 적은 있지만, 우리나라를 비롯해 전 세계 태양광 패널 시장에서 우위를 점하고 있는 소재는 실리콘입니다. 특히 가장 많이 이용되는 결정질 실리콘 태양광 모듈에 포함되는 중금속의 비중은 0.06~4%에 불과합니다. 태양광 모듈에 쓰고 있는 중금속은 각종 회로기판 납땜에 쓰인 납이 전부입니다. 아시다시피 납땜은 대부분의 전자기기 회로기판에도 쓰이고 있습니다. 이 납땜 때문에 '태양광=중금속' 등식이 만들어졌다면, 당장 집 안의 텔레비전이나 전자레인지 등도 내다 버려야 할 겁니다.

마지막으로, 장마, 태풍 등으로 인한 태양광발전 설비의 안전사고에 대해서도 오해하고 있습니다. 매년 여름이면 우리나라에서는 집중호우로 인한 홍수와 산사태 피해가 발생합니다. 그런데 피해의 원인을 두고 산지에 설치한 태양광발전 설비가 지목되면서 비난의 목소리가 커지고 있습니다. 정말 그럴까요? 2020년을 예로 들어보겠습니다. 산림청에 따르면 2020년 발생한 산사태는 모두 1,482건이며, 대부분이 6월에 집중적으로 발생했습니다. 이 중 산지 태양광발전소에서 발생한 산사태는 모두 12건이었습니다. 장마 기간에 발생한 산사태의 0.8% 정도 수준입니다. 또 산업통상자원부 자료에 따르면 2019년 산지 태양광발전 허가 사업장은 총 12,721건이며 이 중 피해가 난 곳은 고작 0.1%에 불과했습니다. 따라서 산사태의 원인이 태양광발전소 때문이라고만 하기에는 무리가 있어 보입니다.

그렇다면 태양광발전 설비 주변에 난 소수의 산사태는 어떻게 설명해야 할까요? 산림청 조사에 따르면 폭우로 흙의 하중이 높아지면서 사업 부지 경계의 토사가 유출된 것이 주된 원인이라 밝혀졌습니다. 그런데 피해를 본 시설은 모두 2018년 산지 태양광발전 사업에 대한 설치 기준이 강화되기 전에 설치되었다는 공통점을 가지고 있었습니다. 이에 정부는 2018년 5월 태양광발전 허용 지형의 경사도 기준을 기존 25에서 15도로 강화했습니다. 또 태양광으로 인한 환경 훼손을 방지하고 안전사고를 예방하기 위해 2019년 6월부터 산지 태양광발전소에 대한 정기 점검을 의무적으로 실시하고 있습니다. 동시에 산지 태양광발전소 2,000여 곳을 특별 점검하고 농경지 인근 300m 지역 등도 집중적으로 살피는 등 안전사고 예방에 노력을 기울이고 있습니다. 이러한 사고 예방 노력과 함께 정밀 시공, 안전 기술 교육 강화, 철저한 유지·보수 등을 실시하여 태양광발전에 대해 더 이상의 잡음이 나오지 않도록 조치해야 할 것입니다.

어! 이런 곳에도
태양광발전을?

　태양광발전이라고 하면 누구나 깊은 산지, 혹은 농지에 줄지어 서 있는 패널들을 떠올리게 마련입니다. 그러나 태양광발전을 사람이 많이 살지 않는 곳에서만 할 수 있다고 생각하는 것은 편견입니다. 앞으로는 자연을 훼손하지 않는 곳에 태양광발전 시설을 설치할 수 있는 방법을 더욱 적극적으로 모색해야 합니다. 더욱 풍족한 에너지 생산을 위하여 몇 가지 의외의 태양광발전 설치 장소를 소개해 볼까요?

　2018년 기준 우리나라에는 약 1만 2,000여 개의 초·중·고등학교가 있습니다. 그런데 학교 지붕에 태양광을 설치한 곳은 그리 많지 않다고 합니다. 생각의 틀을 약간만 바꾸면 이런 잉여 공간을 최대한 활용하여 태양광을 설치할 수 있습니다. 다행히 최근에는 공공기관 신재생에너지 설치의무화제도* 덕분에 태양광 설치가 늘어나는 추세입니다.

대형 물류 창고, 산업단지 유휴지와 지붕에 태양광을 설치해도 전기를 대량 생산할 수 있습니다. 전국 산업단지 면적에 만들 수 있는 태양광발전소 설비 용량이 대략 5GWh나 된다고 합니다. 여기에 산업단지 유휴지를 최대한 활용한다면 산업계의 막대한 탄소 배출 문제도 해결할 수 있을 것입니다. 도로변의 가드레일과 도로변에 놀고 있는 작은 공간에도 태양광을 설치할 수 있습니다. 도로를 따라 늘어선 가드레일에 설치된 입간판처럼 가드레일 기둥 속에 좀 더 작은 기둥을 꽂고 깃대형 태양광을 설치하는 것도 하나의 방법입니다. 깃대형 태양광은 태양을 향해 방향 및 각도 조절도 가능할 겁니다. 고속도로 유휴지에 태양광을 설치하는 것도 좋은 방법입니다. 고속도로 관리와 운영에 필요한 모든 전기를 신재생에너지로 자체 생산해 '에너지 자립 고속도로'를 만드는 것입니다. 실제로 고속도로와 철도 위 자투리땅을 이용해서 꽤 많은 전기를 생산하고 있습니다.

---

* 신재생에너지 설치의무화제도
  신·증축하는 연면적 1,000m² 이상의 공공건축물에 대하여 에너지 사용량의 일부를 신재생에너지로 공급하도록 의무화한 제도

예를 들어, 영동고속도로 방음 터널 위에는 태양광이 빽빽하게 설치되어 있습니다. 무려 1,000명이 1년 동안 쓸 수 있는 전기를 생산할 수 있다고 합니다. 이 밖에도 정부와 한국도로공사가 고속도로 곳곳에 설치한 태양광발전 시설은 319곳에 이릅니다. 가로등과 터널, 휴게소 등에서 쓰는 전기의 37%를 충당하고 있습니다.

요약하자면 태양광은 빛에너지를 모아 전기로 바꾸는 것으로 몸에 나쁜 공해를 만들지 않고, 연료가 필요 없으며, 소음도 없습니다. 여러 장점에도 불구하고 태양광에 대한 잘못된 정보는 신재생에너지 보급 확대에 걸림돌이 되고 있습니다. 물론 지금 당장 '신재생에너지 우선'을 강요할 수는 없습니다. 그러나 적어도 잘못된 정보로 빚어진 갈등은 피해야 한다고 생각합니다. 그리고 버려진 공간에 태양광을 설치한다는 아이디어처럼 사고의 전환을 통해 환경을 보전하면서도 기후위기에 대응할 수 있는 훌륭한 방법들을 생각해야 합니다.

여기서 잠깐!
태양광 대여 사업

날로 심각해지고 있는 기후위기에 대응하기 위한 움직임이 활발해지고 있습니다. 그중에서도 주택에서의 탄소중립, 특히 태양광 설치에 대한 관심이 늘고 있습니다. 그런데 설치 비용으로 망설이는 사람들도 많다고 합니다. 그렇다면 초기 투자비 없이 주택에 태양광을 설치하고, 유지·보수까지 안정적으로 받을 수 있는 방법은 없을까요? 물론 있습니다. 태양광 대여 사업을 활용하면 가능합니다.

태양광 대여 사업은 민간 주도의 보급 사업이며 기본 계약 기간은 7년입니다. 사업 신청자(소비자)는 7년간 절약한 전기요금으로 월 대여료를 납부할 수 있으며 대여 사업자는 그 기간 동안 태양광 설치부터 유지·보수를 책임집니다. 기본 계약 기간이 끝나면 신청자(소비자)는 발전 설비를 소유할 수 있고, 계약을 8년 연장하거나 무상 철거를 선택할 수도 있습니다. 태양광 대여 사업을 통해 3kW 용량의 태양광을 대여할 경우, 여름에는 450kW, 겨울에는 200~250kW의 전기를 생산할 수 있습니다. 가정집에서 한 달 동안 500kW 전기를 사용할 때의 전기요금은 약 10만 원 정도이므로 태양광을 대여할 경우 전기요금은 2~3만 원이 됩니다. 매달 7~8만 원의 전기요금을 절약할 수 있는 것입니다. 태양광발전기 설치 후 절약된 전기요금은 태양광 대여 사업 월 대여료를 납부하고도 남는 금액입니다.

사업 신청 대상은 최근 1년간(신청 시점의 직전 월까지) 월 평균 전력 사용량이 200kWh 이상인 단독주택 소유자나 소유 예정자입니다. 공동주택의 경우 공동주택 소유자나 입주자 대표가 신청할 수 있습니다. 설치 용량은 단독주택의 경우 월 평균 전력 사용량이 200~599kWh(3kW) 또는 600kWh 이상(최대 9kW), 공동주택의 경우 설치 면적 및 경제성 등 여건에 따라 동당 설치합니다.

한국에너지공단 신재생에너지센터 홈페이지
(www.knrec.or.kr)에서 참여 기업 선정 결과 확인

대여 사업자별 대여 조건을 확인

신청자 조건과 부합한 대여 사업자와 계약 진행

신청 방법은 한국에너지공단이 선정한 태양광 대여 사업자와의 계약을 통해 가능합니다. 이때 주의할 점은 한국전력공사나 한국에너지공단 등을 사칭해 불법적으로 태양광 대여 사업 전단지를 뿌리는 업자들이 있으므로 반드시 한국에너지공단이 주관하는 태양광 대여 사업자로 선정된 업체를 통해 신청해야 합니다.

바람의 에너지,
풍력발전 팩트 체크

우리나라는 화석연료 의존도를 줄이는 동시에 태양광, 풍력발전의 설비 확충으로 에너지 수급이 보다 원활해질 수 있도록 노력하고 있습니다. 따라서 이번 장에서는 풍력발전에 대한 구체적인 사실을 조목조목 살펴보고, 풍력발전이 우리에게 왜 필요한지 알아보겠습니다.

풍력발전기는 말 그대로 바람이 가진 운동에너지를 전기에너지로 변환하는 장치입니다. 바람이 날개를 통과하면서 날개가 회전하게 되고, 날개의 회전 동력은 모터와 연결되어 전력을 생산합니다. 이러한 원리로 풍력발전기는 풍속이 세고 발전기가 클수록 더 많은 전기에너지를 생산할 수 있습니다. 풍력발전은 바람을 이용하여 전기를 생산하기 때문에 오염물질을 배출할 걱정도 없고 경제성도 높은 편입니다. 하지만 일부 잘못된 정보로 풍력발전의 보급·확대에 걸림돌이 되고 있습니다. 지금부터 풍력발전에 대해 몇 가지 팩트 체크를 해 보겠습니다.

풍력발전에 대한 가장 큰 오해는 풍력발전이 과수 농사와 양봉에 피해를 준다는 겁니다. 풍력발전 시설에서 나오는 저주파로 벌이 떼죽음을 당하거나 사과나 다른 농작물 작황에 피해를 줄 수 있다는 우려가 있습니다. 그러나 풍력발전기에서 발생하는 소음이나 저주파 등으로 벌이 떼죽음을 당했다는 사례는 전 세계적으로 알려진 바가 없다고 합니다. 오히려 국내에서는 풍력발전기 바로 옆에서 양봉을 하는 사례도 있습니다.

풍력발전의 소음이 심하다는 것도 오해입니다. 날개가 바람을 맞으면 공기와 마찰이 생겨 소음이 발생하게 됩니다. 이를 풍절음이라고 하죠. 풍절음은 풍속에 따라 큰 차이를 보이며 풍절음에 대한 민감성도 사람마다 다릅니다. 게다가 풍력발전의 풍절음은 약 400m 떨어진 거리에서 40dB 정도입니다. 우리나라 주거 지역의 사업장 및 공장 생활 소음 규제 기준인 주간 55dB, 야간 45dB보다 낮은 수치입니다. 강한 바람이 불 때도 풍력발전 소음은 생활 소음 규제보다 낮습니다.

저주파 소음으로 인한 피해를 걱정하며 풍력발전 설비 설치를 반대하는 사람들도 있습니다. 저주파 소음이 우리 몸에 해로운 영향을 미칠 수 있다는 것입니다. 그러나 저주파 소음은 어디에나 존재합니다. 나무에 바람이 불 때도, 자동차가 도로를 달릴 때도 저주파 소음은 발생합니다. 이를 초저주파음이라 하는데요. 초저주파음은 10Hz 미만의 진동으로, 지속적으로 노출되면 불쾌감을 유발할 수 있다고 합니다. 이 때문에 환경부에서는 「저주파 소음 관리 가이드라인」을 통해 불쾌감을 유발하는 저주파 소음을 관리하고 있습니다. 나아가 풍력발전소는 저주파 소음을 환경부의 가이드라인보다 엄격히 관리하고 있습니다.

풍력발전이 들어서면 주변의 땅값이 떨어진다는 것도 낭설입니다. 풍력발전단지 인근 지역의 공시 지가는 각종 경제 효과로 상승하는 경향이 많습니다. 또 풍력발전단지 조성 시 정부 지원금 등으로 인근 지역주민과 토지주들에게 발전 사업의 이익을 공유할 수 있습니다. 이는 주변 지역의 경제 활성화에도 기여할 수 있습니다.

풍력발전이 야간 항공기 운행에 지장을 준다는 오해도 있습니다. 늦은 밤에 고층 건물을 바라보면 건물 주변이나 꼭대기에서 깜빡거리는 불빛을 본 적이 있으실 겁니다. 이 불빛을 항공장애표시등이라고 합니다. 항공장애표시등이란 항공기의 안전한 운행을 위해 조종사에게 장애물의 존재를 알리는 불빛입니다. 풍력발전기에도 비행 중인 조종사에게 장애물의 존재를 알리기 위한 항공장애표시등을 의무적으로 설치하고 있기 때문에 야간 항공장애표시등 점멸에 따른 영향은 없습니다.

풍력발전기에 야생 조류가 충돌하여 피해를 준다는 것도 과장된 얘기입니다. 미국 연구 조사에 따르면 풍력발전기로 인한 야생 조류의 치사율은 건물, 송전선, 자동차, 살충제, 송신탑 등으로 인한 치사율보다 훨씬 낮습니다. 또 덴마크에서 풍력발전단지 주변 야생 조류의 비행 경로를 조사한 결과, 야생 조류가 풍력발전기 약 5km 이내로 접근하면 비행 경로를 변경하였다고 합니다.

풍력발전소가 지역 개발과 관광 산업에 피해를 입힌다는 것도 오해입니다. 풍력발전소가 들어서는 지역에는 관계법에 따른 기금이 지원됩니다. 지원금은 공공 사업이나 주민 복지 사업, 학교 장학금 등에 사용할 수 있으므로 지역 발전과 주민 복지 증진에 도움이 됩니다. 나아가 인근의 관광자원과 연계한다면 새로운 관광 명소로 지역 외 방문객 증가에도 도움을 줄 수 있습니다.

바다에 세우는
풍력발전소

우리는 앞에서 풍력발전과 관련된 많은 소문이 잘못된 정보에서 비롯된 오해라는 사실을 확인하였습니다. 그런데도 아직까지 풍력발전단지가 육상 지역에 건설되는데 많은 어려움이 따릅니다. 과거에도 거대 풍력발전단지를 건설할 때 지역주민들과 민원성 마찰을 겪는 일이 빈번하게 일어났습니다. 특히 제주도에서는 대형화된 풍력발전기의 소음 문제, 설치나 운반 문제, 시각적인 위압감 등으로 민원이 자주 발생하곤 했습니다. 사실 풍력발전기 소음은 현지 풍속에 따라 큰 편차를 보이기도 하고, 사람에 따라 반응도 다양한 편입니다. 그렇다면 이러한 문제를 해결할 수 있는 방안은 없을까요?

제주도 해안도로를 달리다 보면 바다 위로 줄지어 서 있는 풍력발전기를 쉽게 볼 수 있습니다. 햇살이 부서지는 바다 위, 파도를 맞으며 우뚝 서 있는 거대한 몸체와 블레이드가 돌아가는 모습이 장관을 이룹니다. 바로 해상풍력발전기입니다. 해상풍력발전은 말 그대로 육지로부터 떨어진 바닷가에 풍력발전기를 설치하는 것입니다. 해상풍력발전기는 그 풍경도 멋지지만, 신재생에너지로의 전환에 있어서도 핵심적인 역할을 담당합니다.

우선 바다에 설치되다 보니 주변 생태계에 미치는 영향이 육상 풍력에 비해 미미합니다. 또 육상 풍력보다 소음 문제에 상대적으로 자유롭습니다. 해상풍력발전 소음이 파도 소리에 상쇄되기 때문입니다. 거기다 육상보다 해상에서 풍속이 더 강하기 때문에 전력 생산량도 더 많고 그만큼 효율도 높습니다. 부지 확보에 있어서 육지보다 비교적 제한을 덜 받으며 대규모 발전단지 조성도 용이합니다.

이렇게 다양한 장점들 때문에 해상풍력발전이 세계적인 주목을 받고 있습니다. 세계풍력에너지협의회(GWEC)에 따르면 2020년 기준 전 세계 해상풍력 누적 설치량은 지난 10년간 4GW에서 35GW로 약 9배 정도 증가했습니다. 최근 10년간 재생에너지 분야 중 가장 활발한 증가율을 보이고 있습니다. GWEC는 2030년까지 해상풍력 누적 용량이 200GW를 초과할 것으로 낙관하고 있습니다. 해상풍력은 코로나19 사태 이후에도 급속히 성장하고 있는 분야이기도 합니다. 향후 5년 이

내 90만 개의 일자리가 만들어질 것이라는 전망도 있습니다. 국제재생에너지기구는 2040년 이후 유럽에서는 해상풍력발전이 발전량 1위 에너지원이 될 것으로 전망하기도 했습니다. 초기에는 전력 단가가 비싸 정부 지원을 받아야만 성장할 수 있었지만, 지금은 화석연료로 생산하는 전력보다 저렴해졌습니다.

이에 2020년 11월, EU 집행위원회는 「EU 해상 재생에너지 전략」을 발표해 세계적인 관심을 끌었습니다. 이 전략에서는 2050년까지 전체 전력 공급 중 해상풍력발전 비율을 30%로 높이는 것을 목표로 합니다. 예를 들어, 대규모 해상풍력단지를 조성할 수 있을 것으로 보이는 발트해 연안에 2050년까지 해상풍력 발전 용량을 93GW까지 확대할 계획입니다. 특히 덴마크는 북해에 '인공 에너지 섬'을 건설하는 사상 최대의 프로젝트를 계획하고 있습니다. 미국도 2021년 3월 롱아일랜드부터 뉴저지 사이 동부 해안의 일부 지역을 해상풍력단지로 지정해 2030년까지 해상풍력 용량을 현재의 2배인 30GW로 늘리겠다는 계획을 발표했습니다. 30억 달러(약 3조 4,000억 원) 규모의 국채를 발행하여 해상풍력 관련 산업과 연구 개발을 지원하고, 항구 인프라를 구축할 것입니다. 『뉴욕 타임스』는 이번 계획으로 향후 10년 동안 4만 4,000개의 직접 일자리와 3만 3,000개의 간접 일자리를 창출할 수 있을 것으로 보도했습니다. 중국도 2020년 기록적인 수의 해상풍력 터빈을 설치하며 생산 전력 면에서 세계 선두로 뛰어올랐습니다. 후발 주자인 대만과 일본은 각각 2025년까지 5.5GW, 18GW 해상풍력 확대를 추진 중입니다.

우리나라는 어떨까요? 우리나라는 삼면이 바다로 이루어진 반도 국가입니다. 더군다나 서해안에는 50m 이하의 낮은 수심 지역이 수십 킬로미터에 걸쳐 분포되어 있어 대형 해상풍력단지를 조성하기에도 적합합니다. 다만 풍속이 유럽보다 약해서 풍력자원은 상대적으로 좋지 않은 편입니다. 다행히 저풍속 환경에 맞는 풍력발전기가 개발되고 터빈 이용률도 향상되고 있어 해상풍력의 사업성이 확보되고 있습니다. 궁극적으로는 전력 계통보다 발전 원가가 낮아질 수 있을 것으로 보입니다. 게다가 해상풍력은 전체 투자비 중 터빈 비중이 3분의 1 정도로 낮고 하부 구조물과 설치 비용 등의 비중이 큽니다. 따라서 국내 조선·해양플랜트 산업과의 연관 효과가 매우 크고 양질의 일자리를 창출할 수 있습니다. 이러한 특성 때문에 선진국들도 해상풍력을 장려하고 있는 것입니다.

그러나 해결해 나가야 할 문제도 만만치 않습니다. 해상풍력발전단지를 건설하려면 고도의 기술이 필요할 뿐만 아니라 어업 활동 보호 구역, 문화재 보호 구역, 군사 활동 구역, 해상도로 등과 중첩되지 않고 이해관계자들과의 갈등도 조정해야 합니다. 배후 항만 및 송전망 등의 인프라 구축도 필요합니다. 우리가 보기에도 바다 위에 커다란 풍력발전기를 설치하는 것은 쉬운 일이 아닙니다. 높이가

50~100m, 무게가 수백 톤에 달하는 풍력발전기를 거친 파도에 끄떡없도록 안전하게 설치해야 합니다. 심해의 파도도 이겨내야 합니다. 바다에서 생산한 전기를 멀리 떨어져 있는 육지로 손실 없이 전달하는 기술도 필요합니다. 무엇보다 중요한 것은 사회적 수용입니다. 기술이 개발되어도 해상풍력발전단지가 건설되는 지역주민들의 거부감이 강하면 분쟁이 생길 것이고, 심할 경우 건설이 무산될 수도 있습니다. 따라서 풍력발전 건설을 위한 입지 선정 단계부터 지역주민들과 소통하고, 적절한 해결책을 마련해야 합니다.

그동안 우리나라는 기술적 문제, 사회적 수용 문제 등으로 해상풍력단지 확보가 더디게 진행됐습니다. 그 결과 2011년부터 세계 최대 규모인 2.4GW 서남해 해상풍력을 추진했으나 아직도 60MW 실증단지* 조성에 머물고 있습니다. 한 가지 다행스러운 것은 서남해 해상풍력 실증단지 대부분이 국내 기술로 제작되어 글로벌 경쟁력을 확보했다는 평가를 받고 있다는 점입니다. 이에 따라 우리 정부는 서남해 외에도 전남 신안, 울산 등 다양한 지역에 해상풍력 프로젝트를 계획 중이거나 추진 중에 있습니다.

* 실증단지
  개발품을 상용화하기 전에 일정 기간 제품의 신뢰성과 안전성을 검증하도록 하는 장소

주민 수용성 문제를 해결하기 위해 정부는 2020년 7월 「주민과 함께하고, 수산업과 상생하는 해상풍력 발전 방안」을 발표했습니다. 목표는 2030년까지 12GW 규모의 해상풍력발전단지 건설입니다. 지역주민과 발전 수익을 공유하고, 지역주민이 원하는 친환경적인 해상풍력단지를 건설하겠다는 것입니다. 이를 위해 발전 사업 수립 단계부터 주민들의 의견 수렴을 강화하고, 지자체 주도로 단지를 개발하는 등 주민 수용성 확보에 전력을 기울일 것입니다. 그리고 전력 계통에 대한 선제적 투자와 대용량 터빈 개발 등 관련 인프라를 구축해 해상풍력 시장과 산업의 동반 성장을 도모할 것입니다. 국내 해상풍력 규모가 연간 500MW, 1GW 수준으로 성장할 경우 연간 5조 원 규모의 해상풍력 시장이 형성될 것이라 합니다. 규모의 경제 효과로 해상풍력 개발비는 감소할 것입니다.

해상풍력발전은 크게 2가지로 구분할 수 있습니다. 하나는 해저 지반에 고정하는 고정식, 다른 하나는 발전기가 바다 위에 떠 있는 부유식 해상풍력발전입니다. 부유식 해상풍력의 장점은 고정식 해상풍력보다 수심이 깊은 바다에 적용할 수 있다는 것입니다. 먼 바다의 풍부한 바람자원을 활용할 수 있을 뿐 아니라 육지에서 수십 킬로미터 떨어져 있으므로 지역주민과의 갈등도 피할 수 있죠.

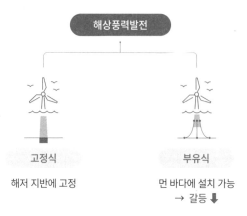

해상풍력발전

고정식
해저 지반에 고정

부유식
먼 바다에 설치 가능
→ 갈등 ↓

　우리나라도 얕은 물가에 국한된 고정식에서 동남해나 제주도와 같이 수심이 깊은 바다 멀리까지 설치할 수 있는 부유식으로 해상풍력을 확대할 예정입니다. 해상풍력발전 이용률 향상을 위해 수중에너지저장장치 개발 등 시스템 혁신이 지속적으로 이루어질 것입니다.

　앞으로 해상풍력은 한국판 그린뉴딜 정책에 따라 재생에너지 분야에서 태양광과 더불어 중심축이 될 것입니다. 따라서 보다 강력하고 지속적인 정책 지원과 끊임없는 기술 개발, 다른 산업과의 파트너십을 통한 상생과 협력 등 시스템 혁신이 필요합니다. 이를 통해 새로운 일자리 창출과 지역 경제 활성화라는 선순환 고리를 만들기를 기대해 봅니다. 그리고 풍력발전과 관련 산업이 청년들에게 무한한 가능성과 미래의 희망을 안겨줄 수 있는 성장 동력이 될 수 있기를 바랍니다.

에너지 시민이
되어 볼까?

　기후변화로 인류의 생존이 위협받기 시작하면서, 이 위기를 해결하기 위한 수단으로 에너지 전환을 이야기하는 목소리가 커지고 있습니다. 2018년 현대경제연구원 조사에 따르면 신재생에너지로의 전환에 찬성하는 우리나라 국민의 비율은 84.6%였습니다. 세월이 다소 지나긴 했어도 그 맥락은 거의 비슷하리라 봅니다.

　널리 알려져 있듯이 신재생에너지의 매력은 온실가스를 거의 배출하지 않고 무한히 사용할 수 있는 에너지라는 것입니다. 원자력, 화력발전소와 달리 거대 자본이 필요하지 않다는 점도 매력적입니다. 가령 태양광 패널은 건물 옥상에도 설치할 수 있습니다. 풍력발전 설비도 원자력발전소에 비하면 상대적으로 규모가 작은 편입니다. 이런 장점들 때문에 우리나라에서도 신재생에너지 보급이 꾸준히 증가하는 추세입니다. 정부의 보조금 지원과 기술 발전으로 인한 설치 비용 하락 등에 힘입어 2012년 8.1GW 규모의 신재생에너지 설비 용량이 2019년에는 23.2GW로 약 3배 가까이 증가했습니다. 그러나 한계점도 있습니다. 아직까지 우리나라의 신재생에너지 보급은 대규모 발전 사업자가 주도하고 일부 개별 사업자가 참여하는 형태로 진행되고 있습니다. 독일, 덴마크 등 신재생에너지 보급에 적극적인 국가에 비해 일반인들의 참여도가 낮습니다. 그렇다면 지역주민의 지지와 참여를 높이면서 신재생에너지 보급을 확대할 수 있는 방법은 없을까요?

이 경우 우리는 독일의 예를 참고할 필요가 있습니다. 독일에는 지역주민이 자발적으로 참여하는 신재생에너지 협동조합이 많습니다. 누구나 적은 출자금으로 쉽게 가입할 수 있고, 협동조합에 참여한 주민은 발생한 수익에 대해 자신이 투자한 금액에 따라 배당금을 지급받습니다. 독일의 신재생에너지 협동조합은 2018년 기준 850개 이상이며 원전 1기와 맞먹는 전기를 생산하고 있습니다. 덴마크도 재생에너지 보급량의 70%(약 100조 원)를 협동조합을 통해 충당하고 있습니다. 이렇게 개인의 편익을 높여주면 주민들 스스로 에너지와 발전소에 대한 주인 의식을 갖게 됩니다. 그 결과 정부는 보다 장기적이고 일관된 에너지 정책을 추진할 수 있습니다. 신재생에너지를 보급하려면 지역의 물리적·사회적 환경을 변경해야 하는 경우가 많습니다. 따라서 무엇보다 지역주민과 이해관계자 간의 사회적 합의를 이끌어내는 것이 중요합니다. 한편 지역주민들이 참여하는 신재생에너지 발전사업 유형에는 크게 2가지 방식이 있습니다. 주민이 직접 발전소 건설에 참여하는 '직접 투자' 형태와 협동조합 등에 가입한 후 지분을 투자하고 발생하는 수익을 나눠 갖는 '지분 투자' 형태입니다.

최근 우리나라도 주민 참여형 신재생에너지 사업이 점차 늘고 있습니다. 예를 들면 전국 시·도 단위에서 추진되고 있는 시민 햇빛발전소가 있습니다. 2017년 건설된 포천 햇빛발전소는 크라우드 펀딩을 통해 지역주민과 시민이 함께 발전소 건설 자금을 조달했으며, 태양광으로 생산한 전력의 판매 수익을 공유하고 있습니다. 2018년에는 전남 지역주민과 대기업이 함께 신재생에너지 협동조합을 결성했습니다. 염해로 농사를 짓지 못하는 간척지나 염전에 신재생에너지 발전소를 건설했습니다. 대기업 자본을 투입해 주민들의 투자 부담을 줄여주고, 발전소 운영을 주민 일자리로 제공하여 농어촌 지역주민들에게 새로운 수입원을 만들어주었습니다.

정부의 재생에너지 3020 이행계획에도 신재생에너지 국민 참여 확대 계획이 있습니다. 예를 들어, 소규모 태양광 사업자와 협동조합을 통해 생산된 전기에 대한 발전차액지원(FIT) 제도가 있습니다.

FIT 제도

수익발생! ←

정부지원

기준P   생산P   거래P

FIT 제도란 생산한 전기의 거래 가격이 기준 가격※보다 낮을 경우 그 차액을 정부에서 지원해 주는 제도입니다. 고정 가격으로 전력회사에 판매할 수 있어 안정된 수익을 얻을 수 있습니다. 조합원들 역시 안정된 수익(배당금)을 보장받을 수 있어 안심하고 재생에너지 사업에 투자할 수 있습니다.

협동조합은 지역주민의 참여를 유도해 에너지 시민을 조직하는 데 유리합니다. 또 지역사회 스스로 초기 자금을 조달하므로 지속 가능한 발전 사업을 구축하는 데 효과적입니다. 발전 사업으로 인한 이익

* 기준 가격
  에너지원별로 표준 비용을 반영한 가격

이 특정 대기업이 아니라 주민 공동의 몫으로 돌아간다는 점도 독보적인 매력이라 할 수 있습니다.

우리 정부는 2020년 10월에 「신에너지 및 재생에너지 개발·이용·보급 촉진법」 일부를 개정했습니다. 이 개정안을 통해 지역주민들이 신재생에너지 사업에 참여할 수 있는 법적 근거를 마련했습니다. 그리고 조합원과 신재생에너지 발전소가 이익을 공유할 수 있는 조항을 신설했습니다. 이익 공유 체계의 도입으로 주민 참여형 신재생에너지 사업이 더욱 활성화되는 계기가 될 것으로 기대됩니다. 사실 현재까지 대다수 시민들은 에너지 생산자이기보다 소비자의 역할에 충실했습니다. 정부가 에너지를 생산하고 공급하는 일방적인 주체였기 때문입니다. 그러나 다가오는 미래에는 모두가 에너지 소비자이며 생산자가 될 수 있는 환경이 조성될 것입니다. 에너지 문제에 대해 조금 더 관심을 가지고 직접 에너지를 생산하는 공급자가 되어보는 것도 한 번쯤 고려해 보았으면 합니다.

04

에너지야,
내가 더 아껴줄게

제5의 에너지는
절약

우리나라는 전형적인 에너지 수입 국가입니다. 2020년 기준 에너지 해외 의존도가 92.2% 이상에 달할 정도죠. 부존자원이 없는 우리나라가 세계 10대 무역 대국으로 성장할 수 있었던 배경에는 세계 여러 나라에서 수입한 막대한 양의 에너지가 있었습니다. 이 때문에 해외 에너지 수급이 원활하지 못하면 국가적 위기에 직면할 수 있습니다. 날로 치열해지는 전 세계 에너지 확보 경쟁에서 살아남아야 하는 절박한 처지에 놓이게 된 것입니다.

국민 소득이 높아지고 산업화가 진행될수록 더 많은 에너지가 필요합니다. 기존의 에너지원인 석유, 석탄, 원자력 등은 이미 생산력 면에서 한계에 직면해 있습니다. 이런 맥락에서 2009년 미국의 시사주간지

『타임』이 에너지 절약을 '제5의 에너지'라고 제시한 것은 우리에게 의미가 깊다고 할 수 있습니다.

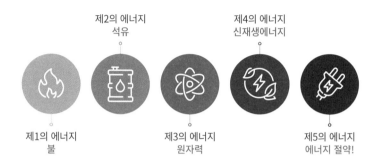

제2의 에너지
석유

제4의 에너지
신재생에너지

제1의 에너지
불

제3의 에너지
원자력

제5의 에너지
에너지 절약!

한편 국내 전력 수요는 매년 정점을 찍고 있습니다. 지구온난화의 영향으로 여름철 냉방을 위한 전력 수요가 날로 높아지고 있기 때문입니다. 하지만 이러한 상황을 바꾸어 생각해 보면, 오히려 여름이야말로 에너지 절약이 가장 큰 효과를 발휘하는 시기가 될 수 있습니다. 따라서 생활 속 지혜로운 절전으로 전기요금도 절약하고 정전사고도 예방할 수 있는 방법 몇 가지를 소개하겠습니다.

먼저, 가전제품을 구입할 때 '에너지소비효율등급'을 확인합니다. 우리나라 에너지소비효율등급은 1~5등급으로 나뉩니다. 에너지 소비와 보급률이 높은 제품에는 의무적으로 에너지소비효율등급 라벨을 부착하게 되어 있죠. 이 라벨에는 에너지소비효율과 시간당 이산화탄소 배출량, 그리고 연간 예상 전기요금 등이 표시되어 있습니다. 에너지효율관리제도 중 하나인 에너지소비효율등급 표시제도는 전자기기의 효율 향상과 고효율 제품의 보급 확대를 위한 제도입니다. 소비자에게는 고효율 제품 구매를 촉진하고 업체에는 에너지 효율 향상을 위한 기술 개발을 유도하는 것이 목적입니다. 에너지소비효율등급은 전기 절약에 있어서 매우 중요한 역할을 합니다. 에너지 비용 표시가 실제 전기요금과 밀접한 관련이 있기 때문입니다. 예를 들어, 에너지효율등급이 1등급인 에어컨을 사용할 경우 같은 시간 동안 사용한 5등급 제품보다 30~40% 이상 전기요금을 절약할 수 있습니다. 소비자들은 전기요금을 줄이기 위해 에너지효율등급이 높은 제품을 찾을 것이고, 에너지 소비량도 그만큼 줄어들게 됩니다.

다음으로 전기요금을 계산해 보는 것입니다. 가정용 전기요금의 경우 구간이 1~3단계로 나뉘어 있습니다. 구간이 올라갈수록 전기요금 단가가 높아집니다. 따라서 요금 폭탄을 막기 위해서는 급격히 요금이 오르는 구간대를 넘기지 않는 것이 중요합니다. 한국전력공사 홈페이지를 통해 가정 내 전력 사용량과 전기요금을 확인해 볼 수 있습니다.

가정에서 에너지 효율을 높이는 또 다른 방법은 청소입니다. 에어컨의 경우, 필터를 청소하지 않으면 평균 소비 전력이 3~5% 정도 증가합니다. 반면 월 1~2회 청소할 경우 한 달 기준 약 10.7kWh의 전력을 절약할 수 있습니다. 청소기도 마찬가지입니다. 청소기 필터의 먼지를 제거할 경우 흡입력이 높아져 흡입 속도를 낮춘 상태로 사용이 가능합니다. 청소기는 모터가 고속 회전하여 먼지를 빨아들이기 때문에 시간당 전력 소비량이 높은 제품입니다. 따라서 청소기의 흡입 속도를 한 단계만 낮춰도 전기요금을 줄일 수 있습니다.

여름철 에어컨 적정 온도를 지키는 것도 전기요금을 절약하는 한 방법입니다. 실내외 온도 차가 클수록 낮은 온도를 유지하기 위해 많은 전력이 소모됩니다. 따라서 에어컨 희망 온도를 여름철 실내 적정 온도인 26도 정도로 맞춰주면 전력 사용을 최소화할 수 있습니다. 처음 에어컨을 틀 때 바람 세기를 강하게 하는 것도 중요합니다. 실내의 더운 공기를 외부로 배출하는 역할을 하는 실외기는 전기요금의 주범입니다. 따라서 서서히 온도를 낮춰 실외기 사용 시간을 늘리는 것보다 강풍으로 짧은 시간 안에 빨리 온도를 낮추는 것이 좋습니다. 선풍기를 에어컨 방향으로 같이 트는 것도 전력을 줄이는 데 도움이 됩니다.

다음으로는 주방을 한번 살펴볼까요? 가정에서 없어서는 안 될 전기밥솥은 크기가 작아 간과할 수 있지만 에너지 절약을 가로막는 복병입니다. 전기밥솥의 경우 '7시간 보온＝새로 밥 짓는 전력'입니다. 또 전기밥솥에 밥을 1시간 보온해 두는 것이 전자레인지를 5분 사용하는 것보다 월평균 약 4.5배의 에너지를 더 소비한다고 합니다. 따라서 밥을 보관할 때는 전기밥솥에 보온 보관하지 말고 냉장고에 보관했다가 식사를 할 때 전자레인지에 돌려먹는 것이 좋습니다.

1년 365일 사용하는 냉장고는 어떨까요? 냉장고는 쉬지 않고 전력을 소비하기 때문에 간단한 절약 팁만 알고 있다면 효율적인 사용이 가능합니다. 우선 냉장실은 60%만 채우고, 냉동실은 가득 채워야 전력 낭비를 막을 수 있습니다. 주기적으로 청소해 주는 것이 좋으며, 계절별로 적정 온도(겨울 1~2도, 봄과 가을 3~4도, 여름 5~6도)를 설정해 놓는 것도 효율적인 냉장고 가동 방법입니다. 식품은 잘게 나누어 저장하거나 뜨거운 음식은 식혀서 넣습니다. 냉장고를 설치할 때 냉장고 뒷면은 벽면과 10cm 이상, 측면은 30cm 이상 떨어뜨려야 냉장고 효율이 10% 이상 좋아집니다.

현대인들은 많은 시간을 TV나 컴퓨터, 휴대전화 앞에서 보내고 있으며 전력 소비도 그만큼 늘고 있습니다. 특히 콘센트나 멀티탭에 전자제품을 연결한 상태로 전원 스위치를 꺼 놓지 않으면 대기전력이 계속해서 소모됩니다. 전자제품은 전원 스위치가 꺼져 있거나 사용하지 않을 때도 기능을 수행하기 위해 최소한의 전기를 소모하고 있는데, 이러한 전기에너지를 대기전력이라고 합니다. 예를 들어, TV는 전원이 꺼져 있더라도 언제든지 리모컨으로 켤 수 있어야 하기 때문에 TV의 리모컨 수신부는 항상 리모컨 신호를 받을 준비 상태에 있습니다. 이렇게 대기전력으로 인해 낭비되는 에너지는 가정에서 소비되는 전력의 10%를 넘는다고 합니다. 또 TV 화면을 너무 밝게 설정하지 않는 것이 좋습니다. 화면을 지나치게 밝게 설정하면 일반적인 밝기보다 10~20W 이상의 전력을 소비하기 때문입니다. 셋톱박스는 대기전력이 높은 기기 중 하나이므로 사용하지 않을 때는 반드시 전원을 차단해야 합니다. 컴퓨터는 부팅 후 1분 뒤에 모니터를 켜는 것부터 에너지 절약이 시작됩니다. 또 절전 모드를 사용해 불필요한 낭비를 줄여주는 것이 좋습니다. USB를 습관적으로 꽂아 놓으면 전기가 더 소비될 수 있으니, 사용하지 않는 USB는 빼두어 불필요한 전기 낭비를 방지합니다.

세탁기의 경우 세탁물의 양보다 사용 횟수를 줄이는 것이 중요합니다. 세탁기 용량의 80%가량을 채워서 세탁해도 세탁 효과는 같으므로 세탁물은 모아서 한꺼번에 세탁하는 것이 좋습니다. 동시에 절약 모드를 사용하고, 탈수 기능은 5분 이내로 사용하는 것이 가장 효율적입니다. 여기서 우리가 놓치기 쉬운 부분이 찬물 세탁입니다. 세탁기가 소비하는 에너지의 90%는 물을 데우는 데 소비되므로 가급적 찬물로 세탁합니다.

지금까지 가정에서 실천할 수 있는 에너지 절약 팁에 대해 알아보았습니다. 가정에서 쓰이는 에너지가 우리나라 전체 에너지 소비에서 차지하는 비중이 크지 않기 때문에 가정 내 에너지 절약이 중요하지 않다고 생각하는 사람들도 있습니다. 그러나 가정에서의 에너지 절약은 우리 생활과 가장 밀접하고 체감도도 가장 큰 분야입니다. 특히 어린이나 청소년이 있는 가정에서는 이러한 실천들을 통해 자연스럽게 아이들에게 에너지 절약 습관을 만들어주는 것이 중요합니다. 어릴 적 절약하는 습관을 통해 성장하면서 절제하고 어려움을 이겨내는 정신력을 기를 수 있기 때문입니다. 지금 이 시간부로 콘센트에 연결되어 있는 사용하지 않는 각종 전자제품의 플러그를 뽑거나 멀티탭 전원을 끄는 일부터 해 봅시다. 에너지 절약은 우리들의 손끝에 달려 있습니다.

에너지 효율 높이기
대작전

    기후위기 시대, 세계는 지금 온실가스 감축을 위한 에너지 전환을 추진하고 있습니다. 에너지 전환이란 환경적 영향이 없는 깨끗한 에너지를 우리가 사용할 수 있는 형태로 바꾸는 것을 의미합니다. 이런 의미에서 에너지 전환이라 하면 신재생에너지가 먼저 생각날 수도 있겠습니다. 물론 맞는 말입니다. 그러나 에너지 전환에는 에너지 효율의 의미도 들어 있으며, 그 중요성 또한 점점 커지고 있습니다. "에너지 효율은 제1의 에너지원"이란 말이 있을 정도니까 말입니다. 이에 우리 정부에서는 에너지 효율을 높일 수 있는 정책과 방안을 고민하고 있습니다. 정부가 고민하고 있는 에너지 효율 향상을 위한 대책은 과연 무엇일까요?

※ IEA(단위: toe/천 달러)

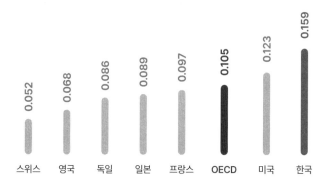

스위스	영국	독일	일본	프랑스	OECD	미국	한국
0.052	0.068	0.086	0.089	0.097	0.105	0.123	0.159

에너지원단위 수치가 낮을수록 에너지 효율이 높습니다.

우리나라는 세계 8위의 에너지 다소비 국가입니다. 반면 에너지 효율 수준은 OECD 국가 35개국 중 33위로 거의 최하위를 기록했습니다. 우리나라의 에너지 효율 수준이 낮은 이유는 산업·건물·수송 등 다양합니다. 특히 산업 분야가 차지하는 우리나라 전체 에너지 소비 비중은 61.4%로 가장 높습니다. 그 이유는 석유화학, 철강, 시멘트 등 에너지 다소비 산업과 제조업 중심의 경제 구조에 기인합니다.

한편 전체 에너지 소비의 20.2%를 차지하는 건물의 경우 상업·공공용 전력 소비가 빠르게 증가하고 있습니다. 냉난방, 조명 등의 전

력 소비도 증가했습니다. 최근 여름철 폭염, 겨울철 한파 등 이상기
후 현상과 대형 건축물의 확대, 생활 수준의 향상으로 전력 수요가
급격하게 증가했기 때문입니다. 이렇게 건물이 소비하는 에너지는 연
1.8% 수준으로 꾸준히 높아지는 추세입니다.

수송의 경우 자동차 수가 많아지고 대형화되면서 전체 에너지 소
비에서 차지하는 비율이 꾸준히 증가하고 있습니다. 2000년부터 증가
세를 보이면서 현재는 전체 에너지 소비의 18.5%를 차지하고 있습니
다. 특히 도로에서의 에너지 소비량은 전체 수송 부문 에너지 소비량
의 79.9%를 차지하며 다른 나라와 비교해도 매우 높은 수준입니다.

이에 우리 정부는 지속 가능한 발전과 에너지 절감을 위한 '에너
지 효율 혁신 전략'을 발표했습니다. 2030년까지 최종에너지 소비 2억
9,600만 톤을 절감하는 것을 목표로 합니다. 이는 BAU* 대비 14.4%
낮은 수치입니다. 이 목표를 달성하기 위해 정부는 산업·건물·수송 부
문별 효율 혁신, 시스템 및 공동체 단위 에너지 소비 최적화, 에너지
효율 혁신 인프라 확충, 에너지 효율 연관 산업 육성 등의 과제를 추
진하고 있습니다.

* BAU(Business As Usual)
  온실가스 감축을 위한 인위적 조치를 하지 않았을 때 배출량

※ 에너지경제연구원

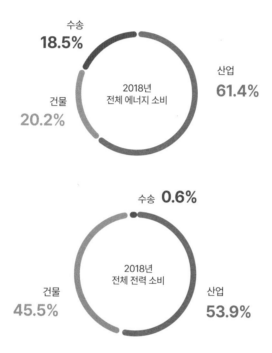

우선 산업·건물·수송 부문별 효율 혁신입니다. 산업 분야에서는 연간 에너지 사용량 2,000toe 이상인 에너지 다소비 사업장을 대상으로 자발적인 에너지 효율 목표제를 도입했습니다. 2020년 기준 국내 44개 사업장이 참여했으며 19개 사업장이 에너지 효율 개선 목표를 달성했습니다. 또 기업의 에너지 소비 감축 및 효율 개선에 필요한 설비 투자 활동을 촉진하기 위해 투자세액공제 제도를 개편합니다. 이에 따라 2020년에 종료될 예정이었던 에너지절약전문기업 특별세액감면제도를 2022년까지 2년 더 연장합니다. 아울러 연간 에너지 사용량 2,000toe 미만으로 에너지 효율 향상 정책의 사각지대에 놓여 있는 취약 산업 현장을 대상으로 무료 컨설팅을 제공합니다. 이와 함께 고효율 설비 투자 비용을 최대 80%까지 지원하는 효율 개선 지원 시범 사업도 추진할 방침입니다. 무엇보다 공장에너지관리시스템(FEMS)[*] 보급을 확대할 계획입니다. 2030년까지 1,500개 이상의 중소·중견기업에 FEMS 설치 보조금을 지원하여 이 시스템을 갖추도록 하는 것이 목표입니다.

건물 분야에서는 기존 건물과 새로 짓는 건물에 대한 효율 평가 체계를 마련해 건물의 에너지 효율을 획기적으로 높일 계획입니다. 이를 위해 이미 2020년 1월 1일부터 연면적 1,000㎡ 이상의 신축·재축 또는

* 공장에너지관리시스템(FEMS·Factory Energy Management System)
  에너지관리시스템을 공장에 적용한 것입니다. 정보 통신 기술을 이용해 에너지가 언제, 어디에서, 얼마나 사용되는지 실시간으로 파악할 수 있기 때문에 에너지 효율 향상과 에너지 절약에 도움이 됩니다.

증축하는 공공건축물을 대상으로 제로에너지건축물* 인증을 의무적으로 시행하고 있습니다. 2023년부터는 500㎡ 이상의 공공건축물, 2025년부터는 1,000㎡ 이상의 민간·30세대 이상 공동주택, 2030년에는 500㎡ 이상 모든 건축물에 적용할 예정입니다.

건물 운영 단계에서는 건물 에너지 소비를 최적화하는 데 필요한 건물에너지관리시스템(BEMS) 보급을 더욱 적극적으로 추진해 나갑니다. 2021년 1월 BEMS에 대한 국가표준(KS) 제정안이 확정되면서 BEMS 데이터 전반에 대한 세부적인 표준 체계가 구성되었습니다. BEMS 도입의 실효성이 확보된 것입니다. BEMS란 에너지 소비를 줄이고 쾌적한 실내 환경을 유지하기 위해 건물 내 주요 공간이나 설비에 센서를 부착하고, 이를 통해 실시간으로 에너지 사용 데이터를 수집·분석하는 최첨단 ICT 시스템을 말합니다. 앞에서 말한 공장에너지관리시스템을 일반 건축물에 적용한 것입니다. 이 시스템을 통해 평균 5~15%의 에너지를 줄일 수 있다고 합니다. 예를 들어, 출근 시간에 조명 끄는 것을 잊어버리는 등의 불필요한 전기 사용을 발견할 수 있습니다.

* 제로에너지건축물
  건물의 사용 에너지와 생산 에너지의 합이 최종적으로 '0'이 되는 건축물

건물에너지관리시스템 개념도

※산업통상자원부

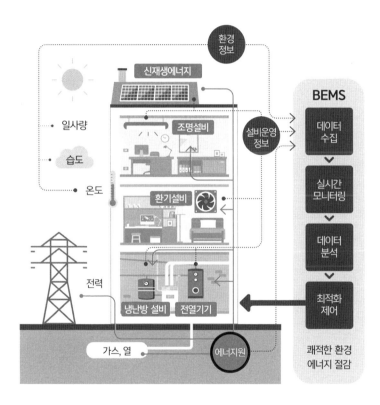

●──→ 에너지 흐름   •••••→ 데이터 흐름

정부는 2020년부터 온라인 건물 에너지 관리 지원 사업을 시작하여 의료 시설과 교육 시설에 대한 에너지 효율 분석 서비스를 제공하고 있습니다. 앞으로 업무 시설, 숙박 시설 등 서비스 지원 대상의 건축물 유형을 확대할 계획입니다.

　수송 분야에서는 승용차의 평균연비제도를 강화해 나갑니다. 평균연비제도란 평균연비를 통해 국내 승용차의 연비를 관리하는 제도를 말합니다. 평균연비는 자동차 제조업체가 1년 동안 우리나라에서 판매한 승용차 연비의 합계를 판매량으로 나누어 산출합니다. 연비가 높으면 같은 기름으로도 더 멀리 갈 수 있습니다. 즉, 연비가 높다는 건 에너지 효율이 높다는 것과 같습니다. 지금까지 중·대형차는 평균연비가 존재하지 않았지만 2022년부터는 3.5톤 이상 자동차에도 평균연비를 도입합니다. 평균연비 기준에 부합하지 못하면 과태료가 부과되므로 자동차 부문에서 에너지 효율은 계속 증가할 것으로 예상됩니다. 또 차세대 지능형 교통 시스템(C-ITS)을 구축할 예정입니다. 교통이 정체되거나 교통사고가 발생했을 때 운전자들에게 도로 위 상황을 실시간으로 알려주는 지능형 교통 시스템은 어느덧 우리 삶에 익숙해졌습니다. C-ITS는 이 정보를 차량에 직접 전달해 줍니다. 또한 교통신호 체계를 개선해 에너지 효율을 떨어뜨리는 교통체증을 낮출 계획입니다.

　다음은 시스템 및 공동체 단위 에너지 소비를 최적화할 수 있는 방안입니다. 지금까지 우리나라의 에너지 생산은 대규모 발전단지에서 이루어졌습니다. 한곳에서 생산된 전기를 전국 각지로 보내다 보니 발전소와 멀리 떨어진 지역일수록 중간에 손실되는 전력이 커진다는 문제점이 있습니다. 그런데 지역 단위에서 스스로 에너지를 생산하고, 효율적으로 사용할 수 있다면 어떨까요? 특히 회사가 많이 모여 있는 산업단지에서 스스로 에너지를 생산하고 효율적으로 사용한다면 지금보다 더 큰 에너지 효율을 이룰 수 있을 것입니다. 이를 위해 우리 정부에서는 마이크로그리드* 산업단지를 구축하고 있습니다. 공장 지붕에 태양광, 연료전지 등 신재생에너지 설비를 설치하고, FEMS와 통합관제센터를 연계해 에너지 효율을 개선해 나간다는 것입니다. 가상발전소를 활용한 에너지 거래 플랫폼을 구축해 산업단지 내 기업 간 잉여 전력 거래(P2P)도 진행할 것입니다. 더불어 마이크로그리드 산업단지를 중심으로 지역 에너지 효율 공동체를 구축할 계획입니다.

* 마이크로그리드
  소규모 발전 장치를 활용해 인근 수요자들에게 에너지를 직접 공급하고 수요를 관리하는 전력 시스템을 말합니다. 별도의 송전 설비가 필요하지 않고, 여러 개의 분산된 전원을 사용하므로 효율적인 전력 관리가 가능합니다.

이외에도 마을 단위 에너지 리빌딩 사업을 진행하고 있습니다. 이 사업은 노후 아파트단지나 상업용 건물의 에너지 성능을 개선하기 위해 도입되었습니다. 우리나라 대도시는 주로 대단지 아파트로 구성되어 있으므로 노후화된 대단지 아파트의 에너지 효율을 개선한다면 지역 내 에너지 소비를 크게 줄일 수 있을 것입니다. 국토부에서는 아파트 단열, 창호 등 에너지 성능 개선을 위한 그린리모델링 시 대출 이자를 지원하는 사업을 추진하고 있습니다.

정부는 에너지 효율 혁신 인프라 확충 사업도 진행하고 있습니다. 주목할 만한 정책은 에너지효율향상의무화제도(EERS)의 도입입니다. EERS는 에너지 공급자에게 에너지 절감 목표를 부여하고 목표량에 상응하는 효율 향상 투자를 의무화한 것입니다. 또 3대 에너지효율 관리제도 중 하나인 에너지효율등급제도도 더욱 강화할 방침입니다. 지금 가전제품을 보면 에너지효율등급은 1~5등급으로 표시되며, 에너지 효율 측면에서 상위 10%를 1등급, 20%를 2등급으로 지정하고 있습니다. 그런데 앞으로는 비중을 갖고 등급을 매기지 않고 실제로 기업들이 어떤 기술을 개발하고, 얼마나 판매되고 있는지를 종합적으로 판단해 소비 등급을 매길 것입니다. 기자재에 대해서는 고효율에너지기자재 인증제도를 시행 중이며, 인증받은 기자재는 공공기관 구매에서 우선권을 주는 인센티브를 제공하고 있습니다.

마지막으로, 에너지 효율 연관 산업을 더욱 키워나갑니다. 에너지 효율 연관 산업은 에너지 효율 향상과 직·간접적으로 관련된 제품 또는 관련 서비스 제공 산업을 의미합니다. 대표적인 관련 제품으로는 전동기, 보일러, LED, 건자재 등을 꼽을 수 있습니다. 서비스 측면에서는 에너지 진단 컨설팅, 에너지절약전문기업(ESCO), 에너지관리시스템 등을 예로 들 수 있습니다. 혁신 제품에 대한 대규모 실증 사업을 추진해 혁신 기술 사업화도 촉진할 방침입니다.

금융과 세제 부문도 지원합니다. 에너지 신산업 펀드를 활용해 유망 기업의 기술 개발과 설비 투자를 지원합니다. 그리고 기업이 에너지를 절약하기 위해 투자한 금액에 대해 세액을 공제해 주는 투자세액공제 제도의 대상 범위를 확대해 나갈 계획입니다. 유망 기업을 대상으로 한 해외 진출 프로젝트도 꾸준히 지원해 나갈 것입니다.

정부는 이상의 에너지 효율 혁신 전략들을 통해 2030년 최종에너지 소비 2억 9,600만toe를 절감하는 것을 목표로 하고 있습니다. 이 감축량은 4인 기준 2,200만 가구의 1년 에너지 소비량이자, 중형 승용차 4,000만 대의 1년 소비량과 같습니다. 또 서울시 1년 에너지 소비량의 2배에 달하는 양입니다. 이 계획이 목표한 대로 차질 없이 잘 진행되어 우리 경제 사회의 지속 가능한 발전은 물론이고, 세계가 직면한 기후위기 극복에도 큰 도움이 되길 바랍니다.

3대
에너지효율관리제도

국제에너지기구(IEA)에 따르면 2050년 기준 온실가스 감축을 위한 정책 수단에서 기기·설비 부문 에너지 절약은 36%로 가장 중요한 비중을 차지한다고 합니다. 또한 에너지 효율 향상을 온실가스 감축에 크게 기여하면서도 가장 경제적인 '제1의 에너지원'으로 꼽은 바 있습니다. 효율관리제도를 통해 에너지 절약형 제품을 많이 보급하는 것이 가장 유용한 온실가스 감축 방법이라 할 수 있겠습니다. 에너지 효율을 향상시키기 위해 우리나라에서는 3개의 에너지효율관리제도를 운영하고 있습니다. 에너지소비효율등급 표시제도, 고효율에너지기자재 인증제도, 대기전력저감프로그램이 그것입니다. 3대 에너지효율관리제도의 세부 내용을 알아보겠습니다.

※ 한국에너지공단

에너지소비효율등급 표시제도
· 의무 신고 제도
· 제품 신고 및 에너지소비효율등급 라벨 의무 표시
· 최저소비효율기준 미달 제품에 대한 생산·판매 금지
· 냉장고, 에어컨, 삼상유도전동기 등 33개 품목

고효율에너지기자재 인증제도
· 자발적 인증 제도
· 기준 적합 시 고효율기자재 인증서 발급
· LED 조명기기, 펌프, 송풍기 등 22개 품목

대기전력저감프로그램
· 의무 신고 제도(일부 품목 제외)
· 제품 신고 및 기준 미달 시 경고 라벨 의무 표시
· 컴퓨터, 모니터 등 21개 품목

　

먼저 에너지소비효율등급 표시제도입니다. 이 제도는 소비자에게
는 에너지 고효율 제품의 구입을 유도하고, 제조업자에게는 에너지
절약형 제품을 생산·판매하도록 하기 위한 의무 신고 제도입니다. 에

너지 소비 효율 또는 에너지 사용량에 따라 1~5등급으로 구분하여 에너지소비효율등급 라벨을 부착합니다. 1등급에 가까울수록 에너지 절약형 제품이며, 1등급 제품은 5등급 제품보다 약 30~40%의 에너지를 절감할 수 있습니다. 전체 33개 품목* 중 선풍기, 백열전구, 전기레인지 등 6개 품목을 제외한 27개 품목에 이 라벨을 적용하고 있으며, 나머지 6개 품목에는 별도의 에너지소비효율 라벨을 적용하고 있습니다.

* 2021년 10월 기준 33개 품목

전기냉장고, 김치냉장고, 전기냉방기, 전기세탁기, 전기냉온수기, 전기밥솥, 전기진공청소기, 선풍기, 공기청정기, 백열전구, 형광램프, 안정기내장형램프, 삼상유도전동기, 가정용 가스보일러, 어댑터·충전기, 전기냉난방기, 상업용 전기냉장고, 가스온수기, 변압기, 창세트, 텔레비전 수상기, 전기온풍기, 전기스토브, 멀티전기히트펌프시스템, 제습기, 전기레인지, 셋톱박스, 컨버터내장형 LED램프, 컨버터외장형 LED램프, 냉동기, 공기압축기, 사이니지 디스플레이, 건조기

한편 제품이 최저소비효율기준인 5등급에 미치지 못하면 국내 생산과 판매가 금지됩니다. 이를 통해 저효율 제품의 유통을 방지하고 기업의 기술 개발을 촉진하려는 것입니다. 가전제품 등에 쓰이는 전기는 대부분 화석연료를 연소시켜 생산합니다. 이 과정에서 이산화탄소 등의 온실가스가 배출됩니다. 에너지소비효율등급 라벨에는 이산화탄소 배출량이 표시되어 있어 온실가스에 대한 소비자의 경각심을 높일 수 있습니다. 또 연간 에너지 비용이 표시되어 있어 실제 전기요금이 얼마나 나올지 예측할 수 있게 해 줍니다. 이를 통해 같은 1등급 제품이라 해도 실질적으로 절감 효과가 더 뛰어난 제품이 무엇인지 비교할 수 있습니다. 실질적인 고효율 기기 시장 확대에도 기여합니다.

다음으로 고효율에너지기자재 인증제도가 있습니다. 에너지효율등급이 1등급에 가까운 제품일수록 에너지 절약형 제품이라면, 고효율기자재 마크가 부착된 제품은 일반 제품에 비해 높은 에너지 효율이 있다는 것을 정부가 인증한 제품입니다. 이 제도는 에너지효율등급제도와 달리 공급자의 자발적인 신청에 따라 이루어지며 고효율 제품의 보급과 기술 개발을 촉진하기 위해 만들어진 성능 인증제도입니다. 보일러, 펌프, 압축기와 같은 에너지 사용 기자재 중 에너지 효율 및 품질 시험 검사 결과가 일정 기준 이상을 만족하는 제품에 고효율에너지기자재 인증서를 발급해 주고 있습니다. 인증서를 발급받은 기자재는 정부나 공공기관 구매에서 우선권을 주고 있습니다.

마지막으로, 대기전력저감프로그램입니다. 이 제도는 전자제품을 사용하지 않을 때 소모되는 대기전력을 저감시킨 대기전력 저감 우수 제품의 보급을 확대하고 관련 기술 개발을 촉진하기 위한 의무 신고 제도입니다. 대기전력 소비량은 우리가 생각하는 것보다 상당히 많습니다. 특히 복사기나 비디오의 경우는 전체 전력 소비의 80%를 차지하는 것으로 추정되고 있죠. 사무기기는 실제 사용 시간은 많지 않더라도 항시 콘센트에 연결되어 있는 경우가 많기 때문에 전원이 꺼졌다 하더라도 일정 부분의 전력이 소모됩니다. 이렇게 대기 시간에 버려지는 에너지 비용은 우리나라 가정·상업 부문 전력 사용량의 10%를 넘는다고 합니다. 제조업체는 대기전력 저감 기준을 만족하는 제품에 에너지절약 마크를 임의로 표시할 수 있습니다. 이 기준에 미달하는 경우에는 반드시 대기전력 경고 라벨을 의무적으로 표시해야 합니다. 에너지절약 마크와 달리 경고 라벨을 의무적으로 표시해야 하는 이유는 소비자에게 대기전력에 대한 경각심을 심어 주기 위해서입니다.

이상으로 우리나라에서 시행하고 있는 3대 에너지효율관리제도에 대해 설명해 보았습니다. 이러한 제도의 성과를 극대화하기 위해서는 공공 부문뿐 아니라 소비자와 기업 모두가 제도의 취지를 잘 이해하고 활용해야 합니다. 그리고 정부에서도 제도를 더욱 발전적으로 운영해 나가야 할 것입니다.

에너지 효율 향상도
의무적으로

기후와 생태 위기를 극복할 키워드로 '에너지'가 주목받으면서 에너지 효율을 새로운 자원으로 인식해야 한다는 목소리가 커지고 있습니다. 그런 의미에서 에너지효율향상의무화제도(EERS)는 에너지 효율 향상에 매우 효과적인 수단 중 하나라고 할 수 있습니다. EERS란 에너지 공급자에게 에너지 판매량과 비례하는 에너지 절감 목표를 부여하고, 이를 달성하기 위한 에너지 효율 향상 투자 사업을 의무적으로 이행하게 하는 제도입니다. 우리나라는 2018년 5월 「에너지이용합리화법」에 관련 규정을 개정하고 이 제도를 도입하였습니다. 현재까지는 시범 사업으로 시행 중이며, 2021년 이후 본격적으로 시행할 예정입니다. 그렇다면 기존부터 우리나라에서 시행하고 있는 온실가스·

에너지 목표관리제와 탄소 배출권거래제와의 차이점은 무엇일까요? 온실가스·에너지 목표관리제란 정부가 온실가스 배출량 및 에너지 소비가 높은 사업장을 대상으로 온실가스 감축 목표를 제시하고, 이를 달성하도록 하는 제도입니다. 한마디로 정부가 업체를 직접 규제하는 방식입니다. 탄소 배출권거래제는 정부가 업체에게 연간 배출할 수 있는 온실가스를 정해 주고, 할당 범위 내에서 온실가스를 배출하도록 규제하는 제도입니다. 할당받은 배출권보다 온실가스를 더 많이 감축한 업체는 남는 배출권을 다른 기업에 팔 수도 있고, 할당받은 배출권보다 온실가스를 더 배출한 업체는 부족한 배출권을 다른 기업에게 살 수도 있습니다.

EERS와 기존 정책의 가장 큰 차이점은 바로 정책의 대상에 있습니다. 기존 정책이 에너지를 많이 소비하는 업체를 규제한다면, EERS는 에너지 공급자에게 에너지 절감 목표를 부여합니다. 대표적으로 우리가 잘 알고 있는 한국전력공사, 한국가스공사, 한국지역난방공사 등이 있습니다. 이런 업체들이 에너지 효율 향상 의무 기준을 만족하면 인센티브를, 만족하지 못하면 패널티를 주는 방식으로 업체가 스스로 고효율 설비 사업에 투자하도록 만드는 것입니다.

에너지 공급 단계에서부터 효율 향상이 이루어지면 에너지 수요가 줄어들기 때문에 에너지 가격 안정화에도 기여할 수 있습니다. 에너지 공급업체는 소비자의 에너지 사용 정보를 보유하고 이를 관리할 수

제도	목표관리제&배출권거래제	EERS
규제대상	소비자(기업)	에너지 공급자

있는 인프라도 갖추고 있어 비용 효과적인 효율 개선 기반을 이미 가지고 있습니다. 다만 지금까지 에너지 공급업체의 최우선 목표는 에너지 판매량 증가에 있었기 때문에 효율 개선 투자에 소극적일 수밖에 없었습니다. 그러나 에너지 자원 빈곤국인 우리나라에서 에너지 효율을 개선하지 못한다면 미래에 큰 위기 상황이 닥칠 수 있습니다. 이런 상황에서 가진 자원을 좀 더 효율적으로 생산할 수 있다면 국제 에너지 시장에서의 수급 불안에 좀 더 대처가 용이해질 수 있을 것입니다.

정부가 EERS 도입으로 기대하고 있는 에너지 절감 목표는 '제8차 전력수급기본계획'에 나타나 있습니다. 2020~2024년 제8차 전력수급 기본계획에 따른 연도별 목표 달성 시 기준으로 보면 EERS 목표 달성으로 34,267GWh*의 전력을 절감할 수 있을 것으로 기대됩니다. 나아가 에너지 효율 향상 사업이 민간 부문의 고용을 촉진하여 일자리 창출에도 기여할 것으로 보입니다.

---

* 2020년 3,123GWh, 2021년 4,471GWh, 2022년 6,663GWh, 2023년 8,884GWh, 2024년 11,126GWh

※산업통상자원부(단위: GWh)

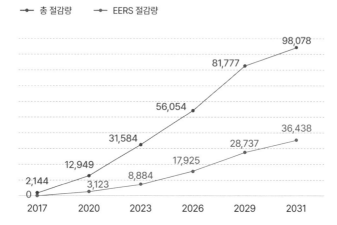

기후위기 대응과 에너지 안보 확보를 위해 이미 미국, 유럽 등 선진국에서는 EERS 제도를 광범위하게 시행 중입니다. 그런데 우리나라의 경우 규제를 받는 에너지 공급업체에 대한 보상 체계가 아직 미흡합니다. 에너지 효율이 향상되면 그만큼 에너지 수요가 줄어들어 에너지 공급업체의 이익도 줄어들게 됩니다. 따라서 규제를 받는 에너지 공급업체에 대한 합리적인 보상 체계가 마련되어야 합니다.

에너지 효율 향상을 통한 온실가스 감축은 이미 세계적인 추세입니다. IEA에 따르면 2000~2017년 사이 에너지 효율 개선을 통해 온실가스와 화석연료 수입량을 각각 12%, 20% 감소시켰다고 합니다. 이런 맥락에서 EERS와 같은 제도를 통해 에너지를 효율적으로 생산할 수 있는 기반을 닦아 나가는 것은 기후변화라는 불확실성을 줄일 수 있는 훌륭한 방안이 아닐까 합니다. 따라서 앞으로는 소비자뿐 아니라 에너지 공급업체를 대상으로 한 온실가스 감축 방안이 마련되어야 할 것입니다.

스마트한 빛,
LED와 친해지자

전기를 아껴 쓰지 않아도 아낄 수 있는 방법이 있다는 사실을 알고 계신가요? 바로 에너지 효율 향상을 통해서 가능합니다. 국제에너지기구에 따르면 에너지 효율 향상의 온실가스 감축 기여도는 40%로 재생에너지의 35%보다 높은 비중을 차지합니다. 그만큼 에너지 효율 향상이 경제적·환경적 측면에서 가장 효과적인 에너지 절감 수단으로 인식되고 있습니다. 미국 에너지효율경제위원회도 에너지 효율 향상이 기후위기에 대응할 수 있는 가장 경제적인 수단이며, 경제 성장과 에너지 안보 측면에서도 가장 크게 기여한다고 평가했습니다. 그러면서 2030년까지 에너지 효율 개선을 통한 전기 절약이 33%를 차지할 것이라 전망했습니다. 한국전기연구원은 전 세계 산업용 전동기의 효율을 3%만 높여도 1GW급 원전 108기를 짓지 않아도 된다고 말했습니다. 가치로 환산하면 약 34조 원을 아낄 수 있습니다. 일찌감치 에너지 효율 향상의 중요성을 간파한 선진국들은 고효율·저소비 에너지 구조로 에너지 소비를 전환해 나갔습니다. 그 결과 경제가 성장해도 에너지 소비는 감소하는 탈동조화(Decoupling) 현상을 보이고 있습니다. 이에 따라 경제가 성장하면서도 에너지 소비 증가 폭은 넓지 않은 편입니다. 특히 독일은 2050년까지 1차 에너지를 2008년 대비 50% 절감하고 재생에너지 비중을 높이는 것을 목표로 하며 지속적인 에너지 소비 감축을 위해 노력하고 있습니다.

탈동조화

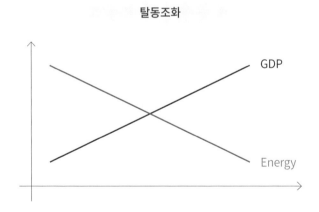

우리나라도 1979년 「에너지이용합리화법」을 제정해 에너지 효율 정책의 기본 틀을 마련했습니다. 그러나 여전히 1인당 에너지 소비가 세계 최고 수준에 머물러 있습니다. 진정한 에너지 전환을 위해서는 소비 구조의 혁신이 필요한 때입니다. 우리 정부가 발표한 '에너지 효율 혁신 전략' 중 일상에서 가장 손쉽게 접하는 조명 부문에서의 에너지 효율화 방법에 대해 집중적으로 살펴보겠습니다.

1887년 경복궁에 우리나라 최초로 백열등이 설치되었습니다. 그로부터 100년 이상을 우리나라의 조명 문명을 이끌었죠. 백열등은 쉽게 만들 수 있고, 쉽게 버릴 수 있으며, 밝기를 조절하기도 쉽습니다. 그러나 백열등은 켜져 있는 동안에 많은 열을 발생시켜 에너지 손실이 매우 큽니다. 공급되는 전기에너지의 약 5% 정도만이 빛을 밝히는 데 사용되고, 나머지 95%는 열을 발생시키는 데 사용됩니다. 이렇듯 에너지 효율이 낮으니 전력 소모가 크고, 전력이 많이 필요하니 온실가스를 많이 배출해 지구온난화의 대표적인 원인 중 하나로 손꼽힙니다.

2005년 전 세계적으로 조명을 위해 인류가 사용한 에너지는 전체 에너지의 5분의 1에 달했습니다. 그래서 2009년 유럽위원회가 백열등을 시장에서 퇴출시키기로 결정한 것입니다. 호주, 러시아, 미국, 중국 등이 뒤를 따랐습니다. 우리나라도 2014년부터 백열등의 생산과 수입을 금지했습니다. 우리나라에 백열등이 생산, 수입된 지 127년 만이라고 합니다. 백열등이 사라지자 그 자리에 LED 조명이 등장했습니다.

LED는 전기에너지를 빛에너지로 전환하는 효율이 매우 높아 최대 90%까지 에너지를 절감할 수 있습니다. 또 백열등과 달리 수은, 필라멘트 등이 없어 안전하고 친환경적입니다.

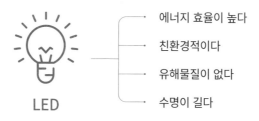

- 에너지 효율이 높다
- 친환경적이다
- 유해물질이 없다
- 수명이 길다

LED

초기 LED는 가전제품의 LCD창 표시용 광원과 같이 한정된 용도로만 사용되었습니다. 그러나 지금은 그 용도가 급속히 확대되고 있습니다. TV, 휴대전화, 전광판뿐만 아니라 LED 무선통신, LED 식물 공장, LED 피부테라피 등 LED 융합 제품 개발도 활발하게 진행되고 있습니다. 특히 LED 조명의 경우 공연, 음악, 영화, 건축, 도시 경관, 의료, 원예 등 다른 분야와 융합할 수 있는 요소가 매우 많은 분야입니다. LED는 유해물질을 사용하지 않고 수명이 길어 농업용 조명, 의료용 조명, 어업용 조명, 차량용 조명 등 다양한 분야에서 쓰일 수 있습니다. 공공 부문에서는 우선적으로 가로등, 터널 조명 등 도로와 교통 시설의 조명을 LED로 교체하고 있습니다. LED 조명은 다른 조명에 비해 장점이 많지만 상대적으로 가격이 비쌉니다. 그러나 에너지 효율과 사용 수명이 압도적으로 높아 민간에서도 LED 조명을 찾는 사람이 많아지고 있습니다. 수요가 확대되면서 시장 가격도 점차 하락하는 추세입니다.

LED 보급에 따른 에너지 절감 효과는 생각보다 훨씬 어마어마합니다. 2018년 기준으로 우리나라 전체 형광등을 LED로 교체할 경우 34,149GWh의 전력을 아낄 수 있다고 합니다. 원전 5.3기가 연간 생산하는 엄청난 양입니다. 또 가정집에서 조명 7개 정도를 LED로 교체할 경우 연간 약 104,000원의 전기요금이 절약되는 것으로 나타났습니다. 산업 측면에서 볼 때도 LED는 차세대 주력 산업으로 도약할 것으로 전망합니다. 이런 분위기 속에 LED 제품 개발자의 채용도 비교적 활발한 편입니다. 앞으로는 LED 조명과 사물인터넷이 결합한 스마트 조명이 새로운 조명 문명을 이끌 것으로 생각됩니다. 이에 더 나아가 에너지 분야와 인공지능(AI), 빅 데이터 등 4차 산업혁명 핵심 기술이 융합하는 '에너지 혁명'을 통해 산업·건물·가정 등 다양한 분야에서 에너지 효율 향상과 에너지 시스템의 혁신이 이루어지기를 기대해 봅니다.

인류는 최초의 에너지인 불을 사용한 순간부터 새로운 에너지를 향한 도전과 변화로 문명을 이끌어 왔습니다. 석탄은 산업혁명을, 석유는 내연기관 자동차의 시대를, 전기는 정보혁명의 출발을 알렸습니다. 기후위기 시대에 접어든 오늘날에는 깨끗하고 안전한 에너지로의 전환이 진행 중입니다. 에너지 효율을 높이는 것이 에너지 전환에 있어 매우 중요한 과제라 할 때, 일상에서 가장 손쉽게 접하는 조명 부문에서의 LED 보급 확대는 우리에게 큰 의미로 다가오고 있습니다.

05

에너지야,
입고 먹고 자는 모든 순간
너를 생각할게

의(衣): 여름에는 쿨비즈,
겨울에는 웜비즈

오늘날 기후위기는 인간의 탐욕이 불러온 재앙이라고 불립니다. 여름에는 시원하게, 겨울에는 따뜻하게 보내고 싶은 게 잘못은 아니라고 생각할 수 있습니다. 그러나 우리가 계절과 반대되는 생활 방식을 고집하면서 지구의 기후는 분명하게 변하고 있습니다. 기후위기 시대의 여름과 겨울을 슬기롭게 지내기 위해 우리가 지향해야 할 의류 문화에 대해 알아보겠습니다.

2005년 여름, 일본의 환경성은 넥타이를 착용하지 않은 가벼운 옷차림으로 에어컨 사용을 줄이고 업무 효율을 높이자는 취지로 쿨비즈(Cool-biz) 캠페인을 벌였습니다. 쿨비즈란 '시원하다(Cool)'와 '업무(Business)'의 합성어입니다. 이 캠페인은 공무원은 물론 많은 기업이 참여하면서 새로운 의류 문화를 정착시켰습니다.

우리나라도 2009년부터 정부와 각 기업에서 자발적인 쿨비즈 캠페인을 벌이고 있습니다. 에너지 절약과 온실가스 감축을 위해 '쿨맵시 캠페인'이라는 이름으로 참여를 유도해 왔습니다. 도입 초기에는 좋은 취지에도 불구하고 너무 격식이 없다는 이유로 시행에 어려운 점이 있었습니다. 그러나 여름철 폭염이 점점 더 심해지고 길어지면서 지금은 많은 기업에서 쿨비즈를 권장하고 있습니다. 특히 젊은 직장인들은 쿨비즈에 훨씬 더 긍정적입니다. 실제로 2019년 구인구직 매칭 플랫폼인 사람인의 조사에 따르면 직장인 대부분이 여름철 출근 복장이 좀 더 자유로워질 필요가 있다고 응답했습니다. 더 나아가 반바지나 샌들까지 허용하는 '슈퍼 쿨비즈'를 시행하는 기업들도 생기고 있습니다. 엄청난 폭염이 잦아지면서 여름철 복장의 완전 자유화를 요구하는 직장인들의 목소리도 커지고 있습니다. 직장인 10명 중 8명은 슈퍼 쿨비즈에 대해 '긍정적'이라고 답하기도 했습니다.

시원한 복장은 체감 온도를 1~2도 정도 낮출 수 있다고 합니다. 여름철 적정 냉방 온도인 26~28도를 유지하는 데도 도움이 됩니다. 무더위도 이기고 업무 효율도 올라가고 에너지도 절약할 수 있는 쿨비즈로 시원함과 스타일을 완성해 보면 어떨까요?

쿨비즈 캠페인이 성공하자 이번에는 겨울에 난방 대신 보온을 유지할 수 있는 옷차림을 권장하는 웜비즈(Warm-biz) 캠페인이 등장했습니다. 얇은 옷을 여러 겹 입거나 내복, 조끼, 머플러 등 방한용품을 착용하여 겨울철 실내 적정 온도인 18~20도를 지키자는 캠페인입니다. 이를 통해 에너지를 절약하자는 움직임이 점차 확산되고 있습니다.

가장 대표적인 방한용품은 역시 내복입니다. 내복에는 놀라운 과학의 원리가 숨어 있습니다. 내복 부피의 60~90%를 차지하고 있는 것은 다름 아닌 공기입니다. 이 공기를 '정지 공기층'이라 합니다. 정지 공기층이야말로 지구상에서 보온성이 가장 우수한 재료라고 합니다. 왜 그럴까요? 열은 높은 곳에 낮은 곳으로 이동하는 특성이 있기 때문에 보온을 위해서는 전도에 의한 열 손실을 줄이는 것이 중요합니다. 공기는 열전도가 매우 낮기 때문에 외부의 찬 공기는 차단하고, 내부의 체온이 빠져나가는 것은 막아주어 보온 효과를 유지할 수 있게 합니다. 따라서 내복을 겉옷 안에 입으면 정지 공기층이 더욱 늘어나면서 보온 효과가 높아집니다. 또 내복을 입으면 난방기구 사용 시간을 줄여주어 과도한 난방으로 인한 피부건조증이나 안면홍조, 호흡기 질환을 예방하는 데 도움을 줍니다.

이렇듯 내복은 여러 가지 장점을 가지고 있지만 '스타일 구긴다'는 이유로 젊은 세대들에게 외면받아 왔습니다. 그런데 최근에는 젊은 세대에서 내복을 더 찾는다고 합니다. 다이어트 내의에서 극세사, 기모 내의에 이르기까지 몸에 착 밀착되어 옷맵시도 흐트러뜨리지 않는 내의들이 출시되면서 젊은이들 사이에서 인기를 끌고 있습니다.

내복만이 웜비즈는 아닙니다. 조끼, 패딩 점퍼, 털 부츠 등도 대표적인 웜비즈 아이템입니다. 카디건과 조끼는 단정해 보일 뿐만 아니라 벗기도 수월하고 다양한 스타일 연출도 가능해 인기가 높습니다. 머플러나 장갑은 옷과 피부 사이의 틈새를 막아주어 보온성을 더욱 높여주고요. 특히 짜임이 특이한 니트 머플러나 가죽 장갑은 밋밋한 겨울 패션에 활력을 더해 줍니다. 귀마개는 우리 신체 중 체온이 가장 낮은 귀의 체온을 보호합니다.

에너지 절약을 실천할 수 있는 패션 키워드 쿨비즈와 웜비즈! 환경도 보호하고 에너지도 절약하며 건강과 패션까지 챙길 수 있는 쿨비즈와 웜비즈가 젊은 세대의 트렌드 복장이 되기를 기대해 봅니다.

식(食): 지구를 살리는 식탁으로, 식생활의 변화

TV 채널을 돌리다 보면 공중파는 물론이고 종편과 인터넷 채널까지 온갖 종류의 고기로 잔치를 벌이고 있는 모습을 흔하게 봅니다. 원래 우리나라는 채식 위주의 식생활 문화가 전통이었다고 합니다. 그런데 요즘은 육류를 탐닉하듯 즐기는 문화가 생긴 것 같습니다. 보기에 따라서는 과할 정도로 게걸스럽게 먹는 모습이 방송에 나오면서 걱정스러운 마음이 먼저 듭니다. 이렇게 과하게 육식을 해도 되는 걸까. 괴리감을 느끼는 사람은 없는 걸까. 한 걸음 더 나아가 지구의 미래를 걱정하는 사람은 없을까?

21세기 우리의 식탁은 '육식의 시대'라고 볼 수 있습니다. 그만큼 많은 사람들이 매일같이 고기를 먹고 있습니다. 2018년 OECD 조사에 따르면 전 세계 1인당 육류 소비량은 34.7kg으로 집계됐습니다. 우리나라는 53.9kg으로, 1980년대 연간 육류 소비량보다 5배 가까이 증가했습니다. 그런데 다른 한편에서는 육식을 하지 않거나 줄이겠다고 선언하는 이들이 점차 늘고 있습니다. 왜일까요?

그 이유는 축산업이 지구온난화에 상당한 영향을 미치기 때문입니다. 유엔농업식량기구에서 발표한 「축산업의 긴 그림자」에는 우리가 기르는 가축들이 되새김질하면서 배출하는 가스가 전 세계 온실가스 총량의 18%나 차지한다고 나옵니다. 전 세계 모든 교통수단이 배출하는 13.5%보다 훨씬 많은 양이죠. 특히 소나 양이 트림으로 내뿜는 메탄가스가 지구온난화에 미치는 영향은 이산화탄소보다 무려 21배나 높습니다.

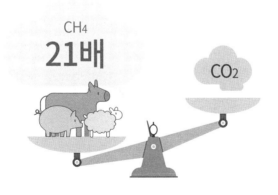

또 축산을 위한 거대한 방목지 조성으로 인해 산림 생태계가 훼손되기 때문입니다. 식물들은 대기 중 이산화탄소를 흡수해 토양에 가두고 저장하는데, 산림을 파괴하는 행위는 이 같은 역할을 약화시킵니다. 황폐화된 토양이 탄소를 가두지 못하면 대기로 배출된 이산화탄소가 식물의 성장을 저해하고, 다시 토양이 황폐화되는 악순환이 반복됩니다. 그 결과 더 많은 이산화탄소가 대기 중으로 배출되어 기온이 높아지게 됩니다. 기온이 높아질수록 토양 속 유기물이 분해되는 속도가 빨라져 이산화탄소 배출도 가속화됩니다.

이같이 인류의 먹거리 문화는 지구 환경을 파괴하면서 발달한 대규모 축산업과 낙농업이 이끌어 온 것입니다. 이제 전문가와 환경단체들은 지구온난화를 막기 위해서는 채식을 해야 한다고 주장합니다. 그들은 지구가 한계에 직면했다고 말합니다. 최근 전 세계적으로 일어나고 있는 기후변화와 맞물려서 생각해 봅시다. 갈수록 심해지는 기후재앙을 신재생에너지 개발과 보급, 에너지 효율 향상만으로 막을 수 있을까요? 결론부터 말하자면 부정적이라는 주장이 우세합니다.

전 지구적 차원에서 신재생에너지를 보급하려면 많은 예산과 시간이 소요됩니다. 그런데 기후 전문가들은 기후변화가 앞으로 5~10년 사이에 극적으로 악화될 것이라고 합니다. 2019년 IPCC 총회가 발표한 「기후변화와 토지에 관한 특별보고서」에서도 화석연료 감축과 함께 음식 섭취와 토지 이용의 획기적인 전환 없이는 기후재앙을 피할 수 없다고 경고했습니다. 이 보고서는 전 인류가 과도한 육식을 줄이고 채식으로 식습관을 바꿀 경우 연간 최대 80억 톤의 온실가스 감축이 가능하다고 밝혔습니다. 그리고 음식물 쓰레기만 잘 관리해도 연간 5~10%의 온실가스 배출량을 줄일 수 있다고 설명합니다. 결론적으로 생산에서 폐기까지 먹거리 시스템만 바꿔줘도 지구의 온실가스 배출량을 최대 절반 가까이 줄일 수 있는 겁니다.

전 인류가 환경과 지구를 생각해서 육류 섭취를 줄인다고 생각할 때, 재미있고 의미 있는 대체식품이 있습니다. 바로 식용 곤충입니다. 관상용이나 학습용으로나 키우던 곤충이 사실은 인간에게 유익한 단백질로 구성되어 있다는 사실이 알려지면서 식용 곤충 시장이 빠르게 성장하고 있습니다. 2011년 1,680억 원 규모였던 국내 식용 곤충 시장은 2020년 3,616억 원으로 성장했습니다. 식용의 관점에서 볼 때 곤충은 경제성이 우수하고 친환경적인 식품입니다. 1kg의 단백질을 얻기 위해 소는 10kg의 사료를 먹어야 하지만 곤충은 1.7kg의 사료만 먹어도 될 정도로 생산성이 높습니다. 또 소와 곤충의 온실가스 배출량과 물 사용량 비율도 각각 2850대 1과 1500대 1로 곤충이 훨씬 친환경적입니다. 세계 경작지의 33%가 가축에게 먹일 사료를 생산하는 데 이용되고 사료용 작물 경작지를 늘리기 위해 매년 엄청난 크기의 산림이 파괴된다는 점을 고려하면 식용 곤충의 유용성을 판단할 수 있습니다. 더군다나 곤충은 곡물의 껍질이나 찌꺼기를 주로 먹기 때문에 인간과 먹이 경쟁을 하지 않는다는 점도 고무적인 일입니다.

곤충은 아미노산과 단백질이 풍부하고 불포화 지방산 함량이 높아 영양학적 가치도 매우 큽니다. 또 소고기보다 미네랄과 비타민, 섬유질의 함량도 훨씬 높죠. 그래서 해외에서는 이미 곤충을 식용으로 이용하는 사례가 많습니다. 네덜란드 대형 식품 공급업체인 슬리그로 (Sligro)는 네덜란드 최초로 곤충 식품을 제조, 판매하고 있습니다. 그 외에도 영국, 프랑스, 벨기에, 미국 등에서도 곤충으로 초콜릿, 쿠키, 술 등을 만들어 판매하고 있습니다. 또 곤충 식품을 메뉴로 하는 카페 및 레스토랑도 증가하고 있는 추세입니다. 그 결과 전 세계 식용 곤충 섭취 인구수는 이미 20억 명에 달한다고 합니다.

이러한 장점들 덕분에 식용 곤충은 미래 식량으로 각광받고 있습니다. 그러나 한편으로는 징그럽고 혐오스러운 생김새 때문에 거부감을 보이는 사람도 많습니다. 여기서 또 하나의 흥미로운 식품으로 대체육을 들 수 있겠습니다. 대체육은 말 그대로 육류를 대체할 수 있는 식품을 말합니다. 모양과 식감이 고기와 거의 똑같기 때문에 식용 곤충과 달리 소비자의 거부감도 줄일 수 있습니다. 대체육은 식물의 추출 성분으로 만드는 식물육과 동물의 줄기세포를 이용해 만드는 배양육 두 종류로 나눕니다. 배양육은 고기 배양에 최소 2주가 걸리기 때문에 환경적 이점이 적고 가격도 비쌉니다. 반면 밀이나 콩, 버섯 등에서 단백질을 추출하는 방식의 식물육은 온실가스 배출이 적습니다. 가격도 저렴해 이미 유명 프렌차이즈 한곳에서는 식물육 버거를 판매하고 있습니다.

아직까지 대체육은 우리 식탁에 흔히 등장하는 식품이 아닐뿐더러 맛이 없을 것이라는 인식도 강합니다. 하지만 최근에는 기술의 발전으로 맛과 식감이 실제 고기와 거의 유사해지고 있습니다. 또 사회적 가치를 중시하는 소비 트렌드가 확산되면서 대체육 시장이 빠르게 성장하고 있습니다. 독일의 시장 조사 업체 스태티스타에 따르면 전 세계 식물성 대체육 시장이 2026년 309억 2,000만 달러 수준에 달할 것으로 예상되며, 2030년까지 매년 28%씩 성장할 것으로 전망했습니다.

대체육이 각광받는 이유는 여러 가지가 있겠지만 역시 환경 보호와 동물 복지가 주된 이유로 생각됩니다. 일례로 마이크로소프트 창업자인 빌 게이츠가 미국의 식물성 대체육 회사에 거액을 투자한 것도 이런 이유 때문이죠. 그는 2019년 10대 유망 기술 중 하나로 대체육을 선정하며, "식물성 고기야말로 미래의 음식"이라고 말했습니다.

식단 변화를 통해 온실가스를 감축하자는 주장이 하찮게 여겨질 수도 있습니다. 그러나 패러다임의 전환까지 거론되는 기후위기 시대에 이 방법이야말로 적은 비용으로 큰 효과를 가져올 수 있는 현명한 방법이 될지 아무도 모르는 일입니다. 특히 우리나라는 초지가 부족하고 경작지가 계속 감소하고 있습니다. 더구나 식량 자급률도 매년 낮아지고 있습니다. 기후위기를 극복하고 미래 식량위기에 대응하기 위해서는 정부가 장기적으로 축산업을 점차 축소하고 대신 농업, 그중에서도 특히 유기농업을 지원해야 합니다. 또 소비자를 대상으로 육류 소비를 줄여야 하는 이유를 알리고 육류 대체식품을 적극적으로 개발, 보급하는 정책도 필요합니다.

사실 채식을 하는 것은 쉽지 않습니다. 하지만 더 많은 육류를 생산하기 위해 파괴되고 있는 숲과 황폐화되고 있는 토지, 낭비되고 있는 물과 에너지 등을 생각한다면 지나친 육류 소비를 줄여야 한다는 주장에 누구나 쉽게 공감할 수 있을 것입니다. 무엇보다도 평소 자신의 식습관에 관심을 가져보는 것이 중요하다고 생각합니다. 우리 모두가 갑자기 채식주의자가 될 수는 없겠지만 최소한 육류 소비를 줄이려는 자세는 가질 수 있을 것입니다. 앞서 언급했듯이 육류 대체식품을 소비하거나 SNS에 고기 사진을 올리지 않기 정도를 같이 실천해 보는 것은 어떨까 싶습니다. 사소해 보이지만 즐거운 마음으로 노력하는 것이 꾸준하게 실천할 수 있는 방법이 될 것입니다.

주(住): 에너지의 자급자족, 제로에너지건축물

에너지 관련 일을 하다 보면 기후위기를 막을 수 있는 방법에 대해서 질문을 받고는 합니다. 그때마다 "오랜 시간 지속적으로 기후변화에 영향을 미칠 인간의 생활 방식을 친환경적으로 바꾸는 것이 가장 중요합니다"라고 말합니다. 거창하게 들리지만 사실 당연한 말입니다.

세계적인 컨설팅 회사 맥킨지 앤 컴퍼니는 건물의 에너지 효율을 향상시키는 것이 세계적으로 탄소 배출을 줄이는 데 가장 저렴하고 효과적인 수단 중 하나라고 밝혔습니다. 건물은 신축에서 해체까지 최소 30년, 길게는 수백 년 동안 에너지를 소비하고 이산화탄소를 배출하기 때문입니다. 게다가 우리나라의 건물 에너지 사용량은 2018년 기준 국내 전체 에너지 소비의 20%를 차지합니다. 장기적으로는 선진국 수준인 40%까지 증가할 것으로 예상되고요. 따라서 건물 부문의 에너지 절약을 위해서는 합리적인 에너지 사용과 에너지 저소비형 설계가 매우 중요합니다.

최근에는 건물 에너지 절감에 획기적으로 기여할 수 있는 제로에너지건축물에 대한 관심이 높아지고 있습니다. 제로에너지건축물은 일반적으로 건축물에 필요한 에너지를 자급자족하는 건물을 말합니다. 제로에너지건축물에 대한 정의는 나라마다 조금씩 다르며 우리나라의 경우 「녹색건축물조성지원법」에 "건축물에 필요한 에너지 부하를 최소화하고 신에너지 및 재생에너지를 활용하여 에너지 소요량을 최소화하는 녹색건축물"을 제로에너지건축물이라 정의하고 있습니다.

제로에너지건축물에 부합하려면 건물의 단열 성능을 최대한 강화하고 건물 운영에 필요한 에너지의 20% 이상을 신재생에너지로 충당해야 합니다. 그리고 냉난방, 온수, 조명, 환기 등에 고효율 설비를 적용해 일반 건물 대비 70% 이상 에너지 손실을 줄일 수 있어야 합니다. 태양광, 지열 등 자체적으로 에너지를 생산할 수 있는 시스템도 갖춰야 합니다.

제로에너지건축물의 핵심은 높은 에너지 효율에 있습니다. 이를 위해 우선 건축물의 에너지 요구량을 최소화하는 패시브(Passive) 기술이 필요합니다. 패시브란 단어 뜻 그대로 수동적으로 집의 단열을 높여 집 안의 온기가 밖으로 새어나가지 못하게 하는 공법을 말합니다.

제로에너지건축물 개념도

※ 한국에너지공단

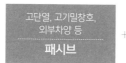

| 고단열, 고기밀창호,
외부차양 등
패시브 | + | 고효율설비, LED,
에너지관리시스템. 신재생에너지 등
액티브 |

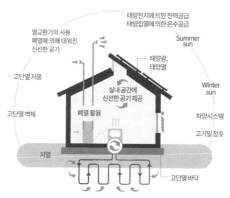

| 주(住): 에너지의 자급자족, 제로에너지건축물

패시브 기술에는 고단열, 고기밀 외벽 및 창호, 외부 차양, 옥상 녹화 등이 있습니다. 그리고 신재생에너지를 자체 생산하는 액티브 (Active) 기술도 필요합니다. 이 또한 단어 뜻 그대로 능동적으로 집의 에너지를 올려준다는 의미입니다. 액티브 기술에는 태양광, 지열, 연료전지와 같은 신재생에너지 설비, 고효율 냉난방기기 및 열교환 장치, LED, 에너지관리시스템 등이 있습니다.

제로에너지건축물의 목표인 에너지 '0'에 도달하기 위해서는 기존의 건축 기술을 뛰어넘는 첨단 산업 기술이 뒤따라야 합니다. 이는 사물인터넷, 정보 통신 기술과 건축 기술의 융합으로 실현할 수 있습니다. BEMS 또는 원격검침 전자식 계량기를 도입하면 건물 내 에너지 사용기기에 센서와 계측 장비를 설치해 에너지원별 사용량을 실시간으로 모니터링할 수 있습니다. 또한 이를 통해 건물 에너지를 효율적으로 관리하고 제어할 수 있습니다.

제로에너지건축물의 보급 확대는 관련 산업의 고도화를 촉진하고 새로운 일자리를 창출할 수 있습니다. 수요 확대를 통해 관련 제품의 가격을 낮춰 경제성도 확보할 수 있습니다. 제로에너지건축물의 세계 시장 전망도 밝습니다. 한국건설생활환경시험연구원에 따르면 제로에너지건축물 시장은 2024년까지 약 1,560조 원 규모로 크게 성장할 것이라고 내다봅니다. 전 세계적으로 에너지 관리의 필요성이 커지면서 제로에너지건축물 기술 적용이 의무화되고 국가별 지원 정책이 활발히 시행되고 있기 때문입니다.

이에 우리 정부는 제로에너지건축물 보급을 위한 정책을 점차 확대할 계획입니다. 목표는 2030년까지 신축 건물의 70%를 제로에너지 건물로 짓는 것입니다. 계획이 차질 없이 수행된다면 1,300만 톤의 온실가스를 감축할 수 있습니다. 건물 부문 온실가스 감축 목표량의 36%에 해당합니다. 또 2030년까지 500MW급 화력발전소 10기를 대체할 수 있는 막대한 에너지와 연간 약 1조 2,000억 원의 에너지 수입 비용을 절약할 수 있습니다. 이를 실현하기 위해 우리 정부는 이미 2017년 「녹색건축물조성지원법」을 개정해 '제로에너지건축물 인증제'를 도입했으며, 2020년부터 연면적 1,000㎡ 이상의 공공건축물에 대한 제로에너지건축물 인증을 의무화했습니다. 2023년부터는 500㎡ 이상의 공공건축물, 2025년부터는 1,000㎡ 이상의 민간건축물 및 30세대 이상의 공동주택, 2030년부터는 500㎡ 이상의 민간건축물에 대해 제로에너지건축물 인증을 의무화할 예정입니다.

제로에너지건축물 인증제는 건축물의 에너지효율등급, 신재생에너지를 통한 에너지 자립률, BEMS 또는 원격검침 전자식 계량기 설치 여부 등을 검토해 건물에 등급을 부여하고 인센티브를 주는 제도입니다. 또한 건물의 제로에너지 실현 정도에 따라 5개의 등급으로 나뉘며, 가장 높은 등급인 1등급은 에너지 자립률 100% 이상일 경우에만 주어집니다.

제로에너지건축물 인증제도

※ 한국에너지공단

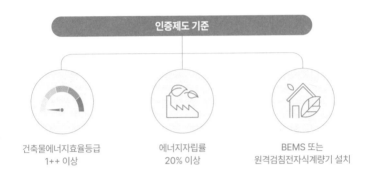

인증제도 기준

건축물에너지효율등급
1++ 이상

에너지자립률
20% 이상

BEMS 또는
원격검침전자식계량기 설치

제로에너지건축물 단계적 의무화 로드맵

※ 한국에너지공단

2020

2023

2025

2030

공공건축물
1,000m² 이상

공공건축물
500m² 이상

민간건축물
1,000m² 이상

공동주택
30세대 이상

모든건축물
500m² 이상

우리나라의 대표적인 제로에너지건축물에 대해 한번 알아볼까요? 첫 번째로 손꼽고 싶은 건축물은 한국에너지공단 울산 사옥입니다. 건물 일체형 태양광발전 시스템을 적용해 업무 시설로는 최초로 설계 단계에서부터 제로에너지 기술을 적용하였습니다. 여름에는 시원하고 겨울에는 따뜻하게 지낼 수 있도록 패시브 요소를 더한 삼중 로이 유리 창호도 설치했습니다. 외부 전동 차양으로 빛의 유입량을 조절하였으며, 옥상은 정원으로 꾸며 열섬 현상을 해소했습니다.

공공건축물 사례로는 서울에너지드림센터가 있습니다. 단열, 채광, 폐열 회수, 야간 방출, 냉각 LED 조명 등의 기술을 통해 에너지 사용량의 70%를 줄였습니다. 나머지 30%의 에너지는 태양광과 지열 에너지로 충당하였습니다. 건물 외벽을 비스듬하게 만들고 흰색 인조 대리석을 붙여 태양빛의 60% 이상을 반사함으로써 에너지를 최적으로 절감할 수 있게 디자인되었습니다.

국내 최초 제로에너지 주택으로는 노원 주택단지인 이지하우스가 있습니다. 태양광과 지열 발전을 통해 에너지 자립률이 60%가 넘고 난방·급탕·조명·환기 등 5개 부문에 대해서는 에너지를 100% 자체 공급할 수 있습니다. 주택 내·외부에 외단열, 고기밀 구조, 삼중 로이 유리, 외부 블라인드 등 단열 성능을 극대화하는 패시브 설계 기술을 적용했습니다. 중앙 열회수 환기 장치가 공기를 순환시켜 주기 때문에 에어컨이 없어도 여름철 실내 온도가 26도 수준으로 유지됩니다.

제로에너지건축물 안에서는 한여름에도 더위를 훨씬 덜 느낄 것이고 에너지 비용도 거의 들지 않을 것입니다. 이 때문에 궁극적으로 지구온난화 방지에도 긍정적인 영향을 줄 수 있습니다. 이렇듯 환경과 경제적으로 이로운 제로에너지건축물 보급을 활성화하기 위해서는 해결해야 할 점도 많습니다. 높은 에너지 성능을 확보하려면 그만큼 비용 부담도 높아집니다. 상대적으로 에너지 비용이 저렴한 우리나라에서 제로에너지건축물이 보편화되기에는 경제적 장벽이 높을 수밖에 없습니다. 건축주의 경제적 부담을 완화하기 위해서는 설계 단계에서부터 건축물의 크기 및 용도에 따른 합리적인 설계 방안을 마련해야 합니다. 창, 차양, 단열재 등 건축자재를 패키지화하여 비용을 낮추고 냉난방, 조명, 환기 등 설비를 제로에너지건축물 기준에 적합하도록 표준화가 필요합니다. 또 제로에너지건축물에서 자체적으로 생산한 신재생에너지 생산량만으로 에너지 자립을 충족하지 못할 경우 다른 건물로부터 부족한 신재생에너지 생산량을 조달받을 수 있도록 하는 외부 조달 제도가 도입되어야 합니다.

앞으로는 각국의 온실가스 감축 목표와 맞물려 제로에너지건축물 보급이 필수가 될 것이라고 합니다. 제로에너지건축물 관련 기술을 선도하는 나라가 된다면 상당한 경제 효과는 물론 환경을 지키는 디딤돌이 될 것입니다. 경제 성장과 환경 보호라는 두 마리 토끼를 동시에 잡을 수 있는 스마트한 미래의 주거상을 그려봅니다.

제로에너지건축물에 대한 다양한 정의

제로에너지건축물(Zero Energy Building)에 대한 정의는 세계 각국의 기술과 경제적 여건에 따라 크게 4가지로 구분됩니다.

- **Zero Energy Building Ready(ZEB Ready)**
  일본, 영국 등에서 사용되고 있는 개념으로 nearly Zero Energy Building 단계로 가기 전 시장의 여건이나 기술력 보완을 고려하여 신재생에너지 생산을 제외한 제로에너지건축물 기준입니다.

- **nearly Zero Energy Building(nZEB)**
  선진 국가들이 공식적으로 사용하는 용어로 Zero Energy Building 구축의 경제성을 고려하여 건물에서 사용되는 에너지 용도를 구분하고, 한정된 용도의 에너지 사용량을 제로화하는 것입니다.

- **Net Zero Energy Building(NZEB)**
  건물 에너지 효율화를 통해 에너지 사용량을 큰 폭으로 저감한 후, 신재생에너지 발전을 통해 연간 에너지 사용량을 '0'으로 유지하는 건축물을 말합니다.

- **Plus Energy Building(+ZEB)**
  건물이 필요로 하는 에너지보다 더 많은 양의 에너지를 신재생에너지원으로부터 생산하여 에너지저장장치(ESS·Energy Storage System)에 저장하거나 인접한 건물 또는 전력망에 공급하는 건축물을 말합니다.

06

신기술아,
에너지의 미래를 부탁해!

에너지 하베스팅,
내 안에 에너지 있다

기후위기는 비단 우리나라뿐 아니라 세계적 차원에서 이미 절체절명의 문제가 되었으며, 많은 사람들이 그 위기를 직감하고 있습니다. 이에 인류는 화석연료 사용을 줄이고 친환경적이며 지속 가능한 에너지원을 확보하기 위한 노력을 전방위적으로 펼치고 있습니다. 에너지를 효율적으로 사용하는 한편 신재생에너지를 보급하는 것이 대표적입니다. 여기에 버려지는 에너지까지 사용할 수 있다면 어떨까요? 에너지를 농작물처럼 수확할 수 있는 기술이 있다면요? 영화적 상상이 아닙니다. 버려지는 에너지를 수확해서 사용하는 기술은 현실에도 얼마든지 존재합니다. 바로 에너지 하베스팅(Energy Harvesting)입니다.

에너지 하베스팅이란 1954년 미국 벨연구소가 태양전지 기술을 공개할 때 처음 사용된 개념으로 일상적으로 버려지거나 사용하지 않은 작은 에너지를 모아 전기에너지로 변환해 주는 기술을 말합니다. 과거에는 태양에너지 역시 버려지는 에너지였습니다. 태양 빛을 이용해 전기를 만드는 기술이 없었기 때문이죠. 이런 관점에서 태양광, 풍력 발전 등 신재생에너지 발전 방식도 에너지 하베스팅의 한 종류로 볼 수 있습니다. 이같이 에너지 하베스팅의 범위는 대단히 넓습니다. 신체, 진동, 압력, 열, 위치, 빛 등 거의 모든 활동이 에너지원이 될 수 있습니다. 그 종류를 간단히 소개하면 다음과 같습니다.

- 신체에너지 하베스팅
  신체의 움직임을 통해 발생하는 체온이나 정전기, 운동에너지 등을 전기에너지로 변환합니다.

- 진동에너지 하베스팅
  진동이나 압력을 가해 압전소자를 발전시켜 에너지를 생산합니다. 자전거 페달이나 각종 기구를 움직여서 전기에너지를 얻습니다.

- 중력에너지 하베스팅
  물체의 무게로 힘을 가했을 때 발생하는 중력에너지를 전기에너지로 변환합니다. 도로의 과속방지턱이나 톨게이트 등에 압전소자를 설치하고, 이 위를 지나가는 자동차의 중량을 이용해 에너지를 생산합니다.

- 위치에너지 하베스팅

  물체가 높은 곳에서 낮은 곳으로 떨어질 때 발생하는 에너지를 이용합니다. 주로 수력발전소에서 활용되며, 이렇게 사용된 물을 바깥으로 흘려보낼 때에도 소규모 동력 장치를 달아 전기를 얻을 수 있습니다.

- 열에너지 하베스팅

  온도 차로 인해 발생하는 전기에너지를 모아 사용합니다. 온도 차가 있을 때 특정 물질에 전류가 흐르는 '열전 효과'를 이용한 것입니다. 가정용 와인냉장고 등에 쓰이고 있습니다.

- 전자파에너지 하베스팅

  가전제품이나 휴대전화, 방송기기 등에서 발생하는 전파를 전기에너지로 변환합니다. 소형·무선 전자기기의 독립 에너지원으로 활용할 수 있습니다.

- 광에너지 하베스팅

  태양전지를 이용하여 전기에너지를 직접 생산하는 방식과 반도체 소자를 사용하여 태양광을 에너지로 변환하는 방식이 있습니다.

　지구의 에너지 문제를 해결하기 위한 방법 중 인간 동력(Human Power)을 활용하는 신체에너지 하베스팅이 있다는 사실이 흥미롭습니다. 과학과 기술 문명의 발전을 핵심으로 하는 현대 사회의 흐름에 역행하는 것처럼 보이기도 합니다. 레오나르도 다빈치가 사람의 힘으로 비행하려 했던 것처럼 인간 동력을 에너지로 이용하려는 시도는 인류 문명만큼이나 오래되었습니다. 오늘날에는 에너지 고갈과 지구 온난화 문제가 맞물려 화석연료 대신 인간 동력을 이용하려는 진지한 시도들이 이루어지고 있죠. 이러한 '인간 동력, 티끌 모아 태산' 사례 몇 가지를 소개하겠습니다.

10여 년 전 독일의 한 벤처 기업은 사람이 스위치를 누르는 힘으로 작동하는 무선 스위치를 만들었습니다. 스위치를 누를 때 발전되는 전기는 약 100마이크로와트 정도로 스위치를 누르는 행동을 1만 번은 반복해야 전구에 불을 잠깐 켤 수 있죠. 이 보잘 것 없는 동력으로도 작동하는 무선 스위치 덕분에 건물 내부에 들어가는 전선을 획기적으로 줄이고, 환경에도 도움이 되었다고 합니다.

다음으로 도쿄역의 발전 계단이 있습니다. 성인 1명이 걸음을 내딛을 때, 60W 전구 1개를 순간적으로 켤 수 있을 만한 충격에너지가 발생한다고 합니다. 비록 적은 양이지만 수많은 사람들이 끊임없이 움직이는 지하철역에 적용한다면 큰 에너지를 얻을 수 있습니다. 이러한 점에서 착안하여 만든 것이 일본 도쿄역에 있는 발전 계단입니다. 이 계단을 밟고 지나가면 압전소자가 압력을 전기로 바꿔줍니다.

우리나라도 유동 인구가 많은 부산 서면역과 서울숲 공원에 압전 패드를 깔아 전기를 생산하고 있습니다. 생산된 전기는 조명이나 휴대전화 충전 등에 활용되고 있습니다. 국내 일부 대학에서는 계단이나 보도에 압전 발전기를 설치해 전기를 생산하고 있습니다.

인간 동력이 화석연료와 전력을 따라잡기는 어렵습니다. 하지만 버려지는 신체에너지를 모아 사용할 수 있다는 것만으로도 큰 변화를 이루어낼 수 있습니다. 잘 설계된 장치를 이용할 경우, 사람의 근력만으로 1마력(740W) 이상의 동력을 발생시킬 수 있습니다. 우리나라 인구인 5,182만 명(2021년 통계청 추계)에 곱해 보면 약 3,800만kW의 동력이 발생합니다. 500MW급 화력발전소 76기에 해당하는 어마어마한 양입니다. 우리나라 전체 발전 설비 용량이 약 1억 2,000만kW 수준임을 감안하면 사람이 발생시킬 수 있는 에너지가 어느 정도인지 대략 가늠할 수 있습니다. 물론 아기와 노인 할 것 없이 모든 사람들을 포함한 상징적인 수치이기는 하지만 생각보다 엄청난 양인 것은 부정할 수 없습니다.

에너지 하베스팅은 2015년 MIT가 선정한 10대 유망 기술 중 하나입니다. 한국과학기술기획평가원에서도 미래 우리 사회의 불평등 해소에 기여할 수 있는 10대 유망 기술 중 하나로 에너지 하베스팅을 꼽았습니다. 전 세계적으로 에너지 하베스팅 시장은 연평균 28%의 성장률을 보이고 있으며 2022년에는 약 50억 달러 규모로 성장할 것으로 전망하고 있습니다.

이렇다 보니 에너지 하베스팅이 미래 에너지원의 일부분으로 자리 잡을 것이라 생각하는 사람들도 늘고 있습니다. 사실 에너지 하베스팅 관점에서 보면 아깝게 사라지는 에너지의 양은 어마어마합니다. 발전소의 경우 40%만이 전기에너지로 사용되고 60% 정도는 열로 손실됩니다. 설비가 오래된 발전소의 손실률은 65% 이상입니다. 자동차의 에너지 효율은 20%에도 미치지 못합니다. 휴대전화에서 발생하는 전파는 3%만 사용되고 나머지 97%는 허공에 뿌려집니다. 사람도 마찬가지입니다. 주변보다 체온이 낮으면 열이 빠져나오면서 75~190W가 손실됩니다. 운동할 때 버려지는 700W의 1%만 전기에너지로 바꿔도 휴대전화 2대 이상을 충전할 수 있습니다.

이처럼 버려지는 에너지가 많으니 에너지 하베스팅이 미래 그린에너지 중 하나로 자리 잡을 것이라는 생각이 마냥 허무맹랑해 보이지는 않습니다. 다만 이를 가능하게 만들려면 기술력이 지금보다 훨씬 높아져야 할 것입니다. 아직까지 에너지 하베스팅으로 생산된 전기의 성능과 양은 기존 배터리나 발전기에 비해 뒤떨어지고 비용도 많이 듭니다. 하지만 과거부터 현재까지 인류의 기술 발전 속도를 생각해 본다면 에너지 하베스팅이 다른 에너지원을 대체하는 게 먼 미래의 일은 아니라고 생각됩니다. 이미 국내 압전소자 분야는 과거와 비교해 효율이 수십 배 이상 향상된 기술력을 선보이고 있습니다. 그러므로 앞으로 이러한 문제를 해결하기 위한 융합 연구 및 원천 기술의 확보가 중요할 것이며, 이를 위한 우리 사회의 관심과 과감한 투자전략이 필요해 보입니다.

수소에너지 시대,
서막이 열리다

　세계는 지구온난화, 미세먼지 등 환경 문제로 에너지 전환에 대해서 새롭게 고민하고 있으며 그 해답으로 수소를 지목하고 있습니다. 수소는 화석연료와 달리 오염물질이 발생하지 않으며, 석유보다 3배가량 효율이 높기 때문입니다. 지구상에 존재하는 거의 무한한 양의 물을 이용해서 만들 수 있으며 사용 후에는 다시 물로 순환되기 때문에 고갈될 걱정도 없습니다. 수소는 연료, 산업용 기초 소재, 식품, 의학, 반도체, 우주 공학 등 거의 모든 분야에서 활용할 수 있는 가능성이 무궁무진한 물질입니다. 특히 수소와 대기 중 산소의 화학 반응을 통해 직접 전기를 생산하는 연료전지는 기존 발전 방식에 비해 발전 효율이 높고 공해물질 배출이 없다는 점에서 주목받습니다. 연료전지는 자동차와 같은 작은 규모에서부터 발전소와 같은 큰 규모의 시설에까지 적용할 수 있으며 낮은 전압으로도 효율적인 전기 생산이 가능합니다.

세계적인 경제학자이자 미래학자인 제러미 리프킨은 『수소혁명』에서 미래 사회는 수소경제* 사회가 될 것으로 예측했습니다. 또 수소경제를 "인간 문명을 재구성하고 세계 경제 구조를 재편하는 새로운 에너지 체계"라고 말했습니다. 에너지 자원은 목재 연료에서 석탄과 석유 등으로 전환되어 왔습니다. 그는 이러한 역사로 미뤄볼 때 탄소 집약적 에너지 자원에서 친환경·저탄소 에너지로, 궁극적으로는 탄소가 없는 수소에너지 시대에 도달할 것으로 전망했습니다.

* 수소경제
  수소를 주요 에너지원으로 사용하는 경제 산업 구조

이러한 수소에너지의 장점에도 불구하고 수소에너지 시대는 예상보다 느리게 진행되고 있습니다. 수소에너지의 생산, 유통, 이용 등 전 과정에 내재된 문제들 때문입니다. 우선 생산 단계의 문제입니다. 수소는 일반적으로 물을 전기분해하는 방법으로 생산합니다. 이때 사용되는 전기에너지가 생산되는 수소에너지보다 더 많다는 문제가 있습니다. 그래서 최근에는 태양광, 풍력과 같은 신재생에너지단지에서 생산된 잉여 전력을 활용하여 수소를 생산하는 P2G(Power to Gas) 방식도 확대되고 있습니다. 하지만 현재 개발된 기술로는 많은 양의 수소를 값싸게 생산할 수 없다는 한계가 있습니다.

다음으로 문제가 되는 것은 수소의 유통·저장 단계입니다. 수소는 가장 가벼운 기체로 공기 중에서는 폭발할 가능성이 매우 낮습니다. 그러나 밀폐된 공간에서 수소의 농도가 지나치게 높으면 폭발할 수 있습니다. 이는 수소의 유통과 저장을 어렵게 만드는 요인이 됩니다. 앞으로 수소에너지를 폭넓게 활용하기 위해서는 반드시 수소에너지의 안정성 문제를 해결해야 합니다.

마지막은 수소를 최종적으로 이용하는 단계의 문제점입니다. 수소를 이용한 기술에는 연료전지 자동차, 수소충전소, 수소발전소, 수소에너지저장시스템(HESS) 등이 있습니다. 이러한 방식 대부분은 아직 경제성 확보에 어려움이 있습니다. 따라서 수소에너지의 경제성을 높이기 위한 지속적인 기술 혁신이 필요합니다.

몇 가지 문제점이 있기는 하지만 수소에너지는 지구상에서 가장 풍부한 청정에너지원임에 틀림없습니다. 이 때문에 세계 각국에서는 수소경제를 실현하기 위한 연구를 활발히 진행하고 있습니다. 참고할 만한 사례들을 찾아보도록 하겠습니다. 일본은 수소 사회 실현에 가장 앞장서는 국가입니다. 2014년 「수소·연료전지 전략 로드맵」, 2017년 「수소기본전략」, 2019년 재발표한 「수소·연료전지 전략 로드맵」을 통해 수소 사회로 가기 위한 방안을 제시했습니다. 2030년까지 자국 내 재생에너지를 활용한 수소 제조 기술을 확립하고 국제 수소 공급망을 구축할 계획입니다. 이를 통해 2030년까지 탄소 배출량의 26%, 2050년까지 탄소 배출량의 80%를 저감하는 것이 목표입니다.

2019년 EU는 안정적인 에너지 전환을 위한 「수소 로드맵」을 발표했습니다. 로드맵에는 2050년까지 수소와 연료전지 보급을 확대하기 위한 정책과 활동 방향이 제시되어 있습니다. 이를 바탕으로 독일, 네덜란드, 이탈리아, 영국 등 주요국들은 수소의 친환경적인 생산 및 공급 인프라 확충, 수소 이용 확대를 본격화할 계획입니다. 특히 재생에너지로 생산한 전력을 수소로 전환하는 기술 개발과 생산 설비의 대형화를 위한 연구 프로젝트에 집중하고 있습니다. 독일의 경제에너지부는 2019년 수소 연구를 실행할 연구소 20곳을 선정하고 관련 연구에 매년 1억 유로를 투입할 것이라고 발표했습니다. 독일의 에너지 기업들도 수소 연구에 투자하며 수소경제로의 전환에 힘을 보태고 있습니다. 2030년까지 수소차 180만 대, 수소충전소 1,000개소 보급을 목표로 하고 있습니다. 네덜란드는 북부 지역에 해상풍력과 태양광발전을 기반으로 2050년까지 수소를 대량 생산해 지역의 친환경화를 주도한다는 계획입니다. 향후 10년간 28억 유로를 투입해 100MW 규모의 수소에너지 생산 시설을 구축하고 1만 5,000여 개의 신규 일자리를 창출할 것입니다. 우리나라도 2019년 「수소경제 활성화 로드맵」을 발표해 수소경제를 선도하는 국가가 되겠다는 목표를 제시했습니다. 수소경제로의 전환을 통해 에너지 수입 의존도를 줄이고 지속 가능한 경제 성장을 이루겠다는 것입니다. 수전해와 해외 수입 방식을 통해 이산화탄소를 배출하지 않는 그린수소를 공급하는 것도 추진하고 있습니다. 이 로드맵은 수소의 생산보다는 수소차, 연료전지와 같은 수소 이용에 초점이 맞춰져 있습니다.

수소차는 전기차보다 충전 시간이 짧고 한 번 충전으로 훨씬 먼 거리를 주행할 수 있다는 장점이 있습니다. 게다가 전기차보다 더 친환경적이기 때문에 차세대 친환경차로 주목받고 있습니다. 이런 이유로 우리 정부는 2040년까지 누적 620만 대의 수소차를 생산한다는 야심찬 계획을 담았습니다. 수소 택시 8만 대, 수소 버스 4만 대 공급과 함께 수소충전소도 대폭 늘릴 것입니다. 수소경제에 대한 국민의 막연한 불신을 해소하기 위해 세계 최초로 국회에 수소충전소를 설치하기도 했습니다.

수소 자동차 보급 계획

※ 산업통상자원부

620만 대

상업적 양산 체계 구축
100% 국산화

0.2
–
2018년

8.1
2022년

10.0
2025년

2040년

수소 버스 및 수소충전소 보급 계획

※ 산업통상자원부

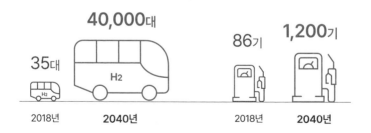

35대
2018년

40,000대
2040년

86기
2018년

1,200기
2040년

정부의 적극적인 노력으로 우리나라의 수소차 보급은 세계 최고 수준입니다. 한국자동차산업협회에 따르면 우리나라는 2021년 기준 세계에서 가장 많은 수소차를 보급하고 있습니다. 하지만 상대적으로 수소 충전 인프라는 미흡한 편입니다. 따라서 앞으로는 충전 인프라 구축에 더욱 힘써야 할 것으로 보입니다.

이렇듯 우리나라도 모두가 꿈꾸는 친환경 에너지 시대를 실현하기 위해 수소경제로의 항해를 시작했습니다. 물론 아직은 기술 개발 초기 단계로 가야 할 길이 먼 것은 사실입니다. 하지만 우리가 전략적으로 수소에너지 시대를 열어 나간다면 기후위기 문제에 있어서 국제사회를 선도하고 에너지 자립의 꿈을 이룰 수 있을 것입니다.

사물인터넷,
에너지 미래 메가트렌드

제4차 산업혁명과 디지털 기술의 발전 속도에 가속이 붙으면서 우리의 일상생활은 급변하고 있습니다. 디지털 혁명은 정치, 경제, 산업뿐만 아니라 사회, 문화, 교육 등 모든 영역에서 인류의 삶을 바꾸고 있습니다. 인공지능 로봇은 더 이상 SF 영화에서나 볼 법한 상상이 아닙니다. 지능화된 기계는 이미 현실로 구현되고 있으며 우리는 SF 속 세상을 살아갈 준비를 해야 합니다.

2002년 개봉한 영화 〈마이너리티 리포트〉는 약 20년 전 제작된 영화임에도 불구하고 다가올 미래를 상상하게 해 줍니다. 시계 형태의 전화기로 통신하는 장면이 나오는가 하면 쇼핑몰에 들어선 사람의 신상 정보와 심리 상태를 파악해 맞춤형 광고를 전송합니다. 또 몸에 부착된 다양한 웨어러블 기기들이 서로 소통하고 모든 차량은 무인 시스템을 통해 작동합니다. 〈빅 히어로〉도 흥미로운 로봇 애니메이션 영화입니다. 힐링 로봇 베이 맥스는 주인공 히로가 다쳐서 비명을 지르자 자동으로 공기가 주입되어 등장합니다. 베이 맥스는 히로에게 통증이 어느 정도인지를 묻고 스캐닝을 통해 신체의 모든 증상을 파악합니다. 히로가 피곤해 보일 땐 따뜻한 우유와 잠이 필요하다며 조언까지 해 주죠. 로봇을 비롯한 사물들이 서로 연결되어 스스로 정보를 획득하고 판단하여 인간을 돕는다면 우리의 삶이 크게 편리해질 것이라는 생각이 듭니다.

이를 가능하게 하는 것이 사물인터넷(IoT·Internet of Things)입니다. 사물인터넷은 세상에 존재하는 다양한 사물들을 서로 연결하여 하나의 사물이 제공하지 못했던 새로운 스마트 서비스를 제공하는 것을 말합니다. 지금까지는 인터넷에 연결된 기기들이 서로 정보를 주고받으려면 인간의 인위적인 조작이 개입되어야 했습니다. 그러나 사물인터넷 시대에는 사람의 도움 없이 기기들이 서로 정보를 주고받으며 자유롭게 대화를 나눌 수 있습니다. 와이파이, 블루투스, 비콘, 근거리 무선통신(NFC), RFID 등 네트워크 기술이 기기들의 자유로운 소통을 도울 겁니다. 사물인터넷은 기존 인터넷의 등장 이상으로 세상을 바꿀 것으로 전망됩니다. 컴퓨터, 센서, 정보 통신 기술로 전 세계 대부분의 사물과 사물이 서로 연결되고, 그 결과 인간과 인간이 서로 밀접하게 연결되는 초연결성 사회로 우리를 인도할 것입니다.

사물인터넷이 우리 생활에서 어떻게 활용되고 있는지는 스마트 홈 (Smart Home)을 통해 알 수 있습니다. 스마트 홈은 가정의 모든 사물을 네트워크에 연결해 제어할 수 있는 서비스입니다. 스마트 미디어를 이용해 세탁기, 건조기, TV, 에어컨, 난방기기, 냉장고, 음향기기, 전등 등을 원격으로 제어합니다. 스스로 집 안의 에너지 수요를 파악하고 관리하기 때문에 전기요금도 절약할 수 있습니다. 에너지 수요가 많은 시기에 에너지 공급업체는 수요가 적은 밤에 낮은 요금을 적용해 에너지 수요가 낮에 몰리는 것을 방지하려고 합니다. 이때 스마트 홈은 인터넷으로부터 관련 정보를 받아 요금이 낮은 밤에 세탁기와 건조기를 자동으로 작동시킵니다. 스마트 홈은 생활의 편리성을 올리는 데도 큰 역할을 합니다. 예를 들어, 냉장고를 스마트 폰과 연결하여 냉장고에 보관된 음식물이 상하면 자동으로 알려줍니다. 회사에서 자신의 집을 모니터링해 집 안의 안전을 확인할 수 있으며, 퇴근 전 집 안 온도를 쾌적하게 조정할 수 있습니다. 퇴근 시간을 감안해 미리 목욕물을 데워 놓고 아름다운 음악을 틀어 놓습니다. 가습기는 기상청과 네트워크로 연결되어 최상의 습도를 유지해 줍니다.

이런 편리함 덕분에 사물인터넷의 시장 확산 속도는 놀라울 정도입니다. 한편에서는 지금과 같은 속도로 사물인터넷이 확산된다면 정보 통신 기술 관련 전력량이 급증하게 되어 에너지 총량을 관리하기가 어려워질 것이라는 우려도 나옵니다. 그러나 이에 대해서는 스마트 홈에 적용되고 있는 서모스탯(Thermostat)이라는 장치를 예로 들어 반론할 수 있습니다. 서모스탯은 자동으로 온도를 일정하게 유지해 주는 장치입니다. 전기난로, 전기담요 등에 설치하는 자동 스위치로 온도가 올라가면 작동이 멈추고, 내려가면 다시 작동합니다. 이 장치를 이용할 경우 소량의 에너지만으로도 충분히 효율을 높일 수 있습니다. 절약되는 에너지의 양은 소모량과 비교할 수 없을 정도입니다. 전력 사용에 있어 실보다 득이 훨씬 크기 때문에 사물인터넷을 통해 에너지를 대폭 절약할 수 있다는 것입니다. 이제는 스마트 홈뿐만 아니라 건물과 공장의 에너지 관리, 에너지 공급망 관리, 무인 자율주행 자동차, 항공 산업 등 수많은 분야에서 사물인터넷을 활용한 연구가 진행되고 있습니다.

　무더운 여름철을 상상해 보죠. 여름에 모든 가정집과 산업 시설에서 에어컨을 가동한다면 국가에서 생산할 수 있는 발전량보다 더 많은 에너지가 필요할지도 모릅니다. 최악의 경우 2011년 블랙아웃*과 같은 대규모 정전 사태가 재현될 수도 있습니다.

---

* 2011년 9월 15일 이상기후로 인한 폭염으로 전기 수요가 급증했습니다. 이 때문에 전기 수요가 공급을 초과하면서 전국적으로 일시적인 정전이 발생하였습니다.

이러한 문제를 해결하기 위해 정부에서는 불필요한 에너지 낭비를 줄이자는 국민 캠페인을 통해 에너지 절약을 행동에 옮기도록 유도할 것입니다. 필요에 따라서는 산업 시설에 일정 기간 시설 가동을 중단할 것을 권고할 수도 있습니다. 이 같은 방법은 불편하고 비효율적인 측면이 있습니다. 그런데 만약 사물인터넷을 이용한다면 어떨까요? 건물과 산업 분야에서 에너지 관리 시스템이 구축되고 데이터가 실시간으로 모니터링되고 저장될 것입니다. 에너지 수요와 공급이 일치하도록 운영함으로써 전력 대란과 같은 문제를 해결하는 데에도 도움을 줄 겁니다. 또 발전소의 위험 요소를 미리 인지하고 자동으로 차단할 수 있습니다. 사물인터넷은 스마트 센서를 부착한 각각의 장치들이 네트워크를 통해 연결되어 데이터를 수집하고 서로 소통할 수 있게 합니다. 따라서 이를 이용하면 발전소 장치에 문제가 생기더라도 어디서 고장이 발생했는지 쉽게 찾아낼 수 있습니다. 데이터가 장기간 축적되면 사전에 고장을 방지할 수도 있을 겁니다. 한계 비용이 거의 무료인 신재생에너지의 공급과 수요를 조절하여 지역 분산형 에너지 공급망을 훨씬 수월하게 구축할 수도 있습니다.

제러미 리프킨은 모든 사람과 사물이 하나의 네트워크에 연결되는 세상은 불과 25년 전에는 상상도 할 수 없었던 일이라 말합니다. 그리고 그는 앞으로 25년 후, 사물인터넷 기술이 에너지 비용이 거의 무료인 에너지 혁명을 가져올 것으로 전망했습니다. 인터넷이 사람들이 생산한 재생에너지를 관리하고 공유하게 되면서 에너지를 무료로 사용할 수 있게 될 것이기 때문입니다. 물론 아직은 현실적으로 볼 때 기술적으로나 제도적으로나 넘어야 할 산이 많은 것이 사실입니다. 하지만 사물인터넷이 새로운 시대를 여는 거대한 변혁의 물결로 다가오고 있는 것은 부정할 수 없습니다. 따라서 우리는 이 같은 거대한 변혁의 물결을 지금까지와는 전혀 다른 차원에서 대비해야 합니다. 에너지 산업의 불빛을 밝힐 메가트렌드로 주목받고 있는 사물인터넷. 사물인터넷을 엔진 삼아 에너지를 비롯한 각 분야의 기술을 선도하고 융합하는 발전 정책이 적극적으로 추진되어야 할 때라 생각됩니다.

코앞으로 다가온
전기차 시대

2020년 9월 22일, 미국 캘리포니아 프리몬트 공장에서 테슬라 배터리데이(Tesla Battery Day) 행사가 있었습니다. 글로벌 자동차 업계의 관심이 몰렸던 엄청난 행사였습니다. 많은 사람들이 행사가 열리기 전부터 테슬라가 발표할 내용이 미래 전기 자동차 산업에 혁신을 몰고 올 것이라 기대했습니다. 행사가 끝난 후, 이러한 기대는 실망으로 바뀌어 있었습니다. 배터리데이 행사에는 상상을 뛰어넘는 성능 향상이나 기술 혁신은 존재하지 않았습니다. 소문난 잔치에 먹을 것 없다는 속담처럼 사람들에게 실망만 주고 말았습니다.

이제 전기차의 시대는 저무는 것일까요? 그렇지 않습니다. 오히려 전문가들은 전기차가 놀라울 정도로 빠른 속도로 성장할 것이라 예상합니다. 속도의 문제이지 방향의 문제라고 보지 않은 것입니다. 이미 에너지 시장은 오일에서 전기의 시대로 바뀌고 있습니다.

배터리데이 행사에서 테슬라의 CEO 일론 머스크는 "현재 우리 차는 누구나 쉽게 구매할 수 있을 만큼 적당한 가격대가 없지만 앞으로 나올 것입니다. 그러기 위해선 배터리 가격을 낮춰야 합니다"라고 말했습니다. 그리고 3년 후에는 완전 자율주행 전기차를 2만 5,000달러(약 2,900만 원)에 구매할 수 있도록 만들겠다고 덧붙였습니다. 세계 경제 전문지 블룸버그는 전 세계 신차 판매 대수 중 전기차가 차지하는 비중이 2020년 2.7%에서 2025년 10%, 2040년 58%까지 확대될 것으로 전망했습니다. 한국수출입은행 해외경제연구소는 2021년 글로벌 전기차 수요가 전년 대비 16.4% 증가한 264만 대를 기록할 것으로 예상했습니다. 또 2025년에는 850만 대로 급증할 것이며, 이때부터 전기차 가격이 내연기관 자동차 가격과 동일한 수준에 도달할 것으로 전망했습니다. 덧붙여 정부 보조금에 의존해 왔던 글로벌 전기차 시장이 본격적인 성장 단계로 진입했으며, 이에 따라 전기차 판매량은 2026년 1,000만 대, 2029년 2,000만 대를 넘어설 것으로 전망했습니다.

이제 내연기관차의 시대는 지나가고 전기차 시대가 다가오고 있습니다. 전 세계적으로 내연기관차의 판매 금지(노르웨이, 네덜란드, 영국, 프랑스), 디젤차 운행 제한(독일, 프랑스), 친환경 자동차 의무판매제(미국, 캐나다)가 시행되고 있거나 시행될 예정입니다. 특히 영국은 2035년부터 휘발유와 디젤 차량은 물론 하이브리드(내연기관과 전기 동력원을 포함하는) 차량까지 판매를 금지할 예정입니다. 영국은 G7 중 가장 먼저 2050년 탄소 배출 제로를 선언한 국가입니다. 이 목표를 달성하기 위해 내연기관 자동차의 퇴출을 서두르겠다는 입장입니다.

전기차 시장의 가파른 성장 속도에 글로벌 자동차 업체들도 발 빠르게 전기차 전환을 추진하고 있습니다. 독일의 폭스바겐은 2030년까지 신차의 절반을 전기차로 채우고, 늦어도 2050년까지 탄소중립을 달성할 계획입니다. 볼보도 2030년까지 모든 차종을 전기차로 바꿀 것이며, 10년 내로 1,000km 이상 실제 주행거리를 보유한 배터리를 개발하겠다고 밝혔습니다. 포드는 2030년까지 34조 4,400억 원을 투자해 전기차 판매 비중을 40%까지 끌어올릴 계획입니다.

우리나라도 예외는 아닙니다. 탄소중립 실현을 위해 전기차 개발과 보급에 매진하고 있습니다. 그 결과 2020년 우리나라 전기차 보급 대수는 134,962대를 기록했습니다. 2021년 2월에 발표한 「제4차 친환경 자동차 기본 계획」에 따르면 2022년까지 35만 대, 2025년까지 113만 대의 전기차를 보급할 계획입니다. 국내 자동차 업체들은 어떨까요? 현대자동차그룹은 2025년까지 전 세계에 전기차 100만 대를 판매하겠다는 계획에 따라 전기차 시대 준비에 속도를 내고 있습니다. 먼저, 2021년 9월 독일 뮌헨에서 열린 'IAA 모빌리티 2021' 보도 발표회에서 전동화 모델 비중을 2030년까지 30%, 2040년까지 80%로 확대하겠다고 발표하며 추진에 박차를 가하고 있습니다. 지역별로는 2035년까지 유럽 시장에서 판매하는 모든 모델을 수소·배터리 전기차로만 구성하고 2040년까지 나머지 주요 시장에서도 순차적으로 모든 판매 차량을 전동화해 간다는 계획입니다. 앞서 기아차도 2026년까지 전용 전기차 7종을 출시해 2030년까지 친환경차 160만 대와 목적 기반 모빌리티(PBV)[*] 100만 대를 출시하겠다는 계획을 발표한 바 있습니다.

이같이 전기차 보급을 확대해야 하는 이유는 크게 2가지로 볼 수 있습니다. 지구온난화 문제에 효과적으로 대응할 수 있다는 것, 그리고 차세대 성장 동력으로 삼을 수 있다는 점입니다. 하지만 전기차 보급을 확대하려면 아직 해결해야 할 문제들도 많습니다. 우선 배터리 기술 혁신이 필요합니다. 전기차 확산의 가장 큰 걸림돌은 다름 아닌 짧은 주행거리입니다. 최근 기술 향상으로 배터리 용량이 증가하였지만, 아직도 전기차 배터리는 너무 크고, 충전 후 사용할 수 있는 시간도 비교적 짧은 편입니다. 안정성도 문제입니다. 자동차는 습도나 온도 등이 다양한 환경에 노출됩니다. 또 주행을 하다 보면 여기저기 부딪히기 일쑤인데, 그러한 충격도 버틸 수 있어야 합니다.

* 목적 기반 모빌리티 (PBV·Purpose Built Vehicle)
  단순한 이동수단을 넘어 탑승객이 목적지로 이동하는 동안 필요한 맞춤형 서비스를 제공하는 자율주행 모빌리티. 움직이는 약국, 편의점, 식당, 서점 등이 될 수 있습니다.

따라서 크기가 작고, 전기에너지 저장 능력이 뛰어나며, 다양한 환경에서도 안정적인 성능을 가진 배터리를 개발해야 합니다. 이 일은 크게 2가지로 구분할 수 있습니다. 하나는 많은 횟수로 충전을 해도 배터리 기능이 떨어지지 않아야 하며, 한 번의 충전으로 보다 먼 거리를 주행할 수 있는 배터리를 개발하는 일입니다. 다른 하나는 배터리에 저장된 전기에너지가 모터에 안정적으로 공급될 수 있도록 관리하는 시스템을 개발하는 일입니다. 특히 겨울철 급격히 줄어드는 주행거리 문제를 해결하는 것이 관건이 되고 있습니다.

전기차 보급을 확대하기 위해 해결해야 할 또 다른 문제는 가격입니다. 아직까지 전기차는 내연기관차보다 비싸기 때문에 각종 지원정책이 필요합니다. 우리나라도 국비를 포함해 156개 지자체가 예산을 추가로 편성해 구매 보조금을 지급하고 있으며, 2022년까지 내연기관차와의 가격 차이를 감안해 지원할 계획입니다. 하지만 앞으로 전기차에 대한 보조금 규모는 서서히 줄어들 것으로 보입니다 일론 머스크가 발표한 것처럼 3년 후 반값 수준의 전기차를 내놓으려면 지원금 없이도 많은 사람들이 전기차에 접근할 수 있도록 전기차 자체의 구조적 가격 하락이 무엇보다 중요한 과제라 할 수 있습니다.

마지막으로 부족한 전기차 충전 시설을 확대해야 합니다. 아무리 배터리 성능이 향상되고 전기차 가격이 하락해도 충전할 장소가 마땅치 않다면 전기차를 사려는 사람은 없을 것입니다. 이에 우리 정부는 전기차 이용에 불편함이 없도록 전국 단위의 충전 인프라 구축을 적극적으로 추진하고 있습니다. 2022년까지 급속충전기는 매년 1,500~1,800기, 완속충전기는 매년 12,000기 보급을 목표로 하고 있습니다. 또 500세대 이상 아파트에서 전기차 충전 설비를 설치하도록 의무화한 것을 300세대 이상으로 강화할 예정입니다. 한편 한국에너지공단에서는 민간 사업자의 충전소 설치 비용의 일부를 지원하고 있습니다. 주유소, 편의점, 식당, 카페 등에 설치 부지를 확보한 민간 사업자에게 충전기 50kW 1기당 최대 1,800만 원을 한도로 설치 비용의 50%를 지원합니다. 광주, 제주, 경북(포항, 경주, 구미), 대전, 대구 등 지자체에서도 전기차 충전기 민간 사업자에게 급속충전기 1기당 500만 원에서 최대 1,000만 원까지 추가 보조금을 지원합니다.

각국의 지원 정책과 글로벌 자동차 업체의 노력에 힘입어 전기차 시장은 매우 빠른 성장세를 보이고 있습니다. 테슬라나 현대차가 생산한 전기차 모델은 이미 날개 돋친 듯 팔리고 있죠. 그런데 전기차가 온실가스를 줄이고 지구온난화를 막는 데 전혀 효과적이지 않다고 주장하는 사람들도 있습니다. 전기차를 생산하는 단계에서 화석연료가 쓰이기 때문입니다. 심지어는 전기차 생산 과정에서 배출되는 온실가스 배출량이 내연기관차의 온실가스 배출량을 넘어설 수도 있다고 합니다. 환경을 위해 전기차를 구매하는 것인데, 오히려 환경을 오염시키는 역설적인 상황이 발생하는 겁니다.

전기차 시장 점유율 세계 2위 국가인 네덜란드는 전기차에 쓰이는 전기를 석탄발전에 의존하면서 오히려 온실가스 배출량이 늘어나는 '네덜란드 패러독스' 현상을 경험했습니다. 반면 전기차 시장 점유율 세계 1위 국가인 노르웨이는 전기차에 필요한 전기의 94%를 수력발전으로 충당하고 있습니다. 그 결과 내연기관차보다 전기차의 온실가스 배출량이 현저히 적은 것으로 나타났습니다. 이같이 전기차 보급이 '온실가스 감축', '지구온난화 방지', '기후변화 대응'이라는 목적과 효과적으로 맞물리기 위해서는 전기차의 생산 단계에서부터 친환경적이어야 합니다.

전기차 시대는 우리가 생각하는 것보다 빠르게 눈앞으로 다가오고 있습니다. 급변하는 자동차 분야에서 우위를 선점하기 위해서는 기업의 노력과 기술 혁신, 그리고 정부의 지원 정책이 함께 병행되어야 합니다. 즉 시장과 정부의 연대와 협력으로 산업 생태계 전반의 경쟁력을 키워나가야 한다는 것입니다. 이러한 연대와 협력이 우리 자동차 산업의 새로운 키워드이자 미래를 이끌 성장 동력이 될 것입니다.

여기서 잠깐!
유휴 전력으로 돈 벌어 주는 전기차

전기차가 가까운 미래에는 발전소 역할을 하고, 전기차 운전자에게는 새로운 수입 창출의 기회가 될 거라고들 합니다. V2G 기술을 이용하면 말입니다. V2G는 Vehicle to Grid의 약자로, 전기차를 전력망과 연결해 배터리의 남은 전력을 이용하는 기술을 말합니다. 그러니까 전력망을 통해 전기차를 충전했다가 주행 후 남은 전기를 전력망으로 다시 보내는 것이죠. 전기차가 움직이는 에너지저장장치가 되는 겁니다. 그런데 이 기술로 어떻게 돈을 번다는 걸까요?

원리는 간단합니다. 전기요금이 싼 심야에 전기차 운전자가 배터리를 가득 충전해 놓았다가, 남아 있는 전력을 전력 피크 시간대에 전력 회사에 되파는 것입니다. 예를 들어, 밤에 전기차 충전 요금이 1kWh당 100원이라 하고, 낮에 충전 요금이 1kWh당 200원이라고 가정해 봅시다. 이 경우 운전자는 밤 동안 1kWh당 100원에 전기차를 충전한 다음, 낮동안 남은 전력을 1kWh당 200원에 팔아서 1kWh당 100원의 차액을 벌 수 있습니다. 이처럼 V2G 기술을 적용하면 운전자는 유휴 전력을 되팔아 수익을 얻고, 전력 회사는 발전소 가동률을 줄여서 에너지 수급을 효율적으로 관리할 수 있습니다.

기존의 발전소는 주로 바닷가에 밀집되어 있기 때문에 전력을 가장 많이 사용하는 도심지까지 이동거리가 멀리 떨어져 있습니다. 거리가 멀수록 전력 손실이 커지고 송전탑을 더 많이 설치해야 하죠. 이렇다 보니 에너지 효율이 떨어집니다. 그런데 도심지에 있는 전기차가 유휴 전력을 전력망에 공급한다면 이러한 현실을 보완해 줄 수 있습니다. 송전탑

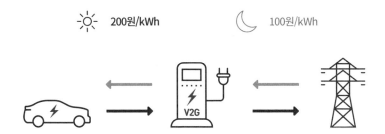

200원/kWh   100원/kWh

1kWh당 100원의 차액(수익) 발생 !

이 필요하지 않고, 멀리까지 전기를 보내지 않아도 돼 손실되는 전기도 거의 없습니다. 전기차가 도심에서 이동식 발전소 역할을 함으로써 전력 공급을 안정화하는 데 기여할 수 있습니다.

V2G 기술은 아직 보편화되지 않았지만, 미국, 일본, 덴마크 등 선진국에서는 이미 기술 개발이 활발히 진행되고 있습니다. 국내에서도 여러 기관이 실증 사업에 참여해 상용화 단계 직전까지 들어섰습니다. 돈도 벌고 에너지도 절약할 수 있는 V2G 기술로 지구의 한정된 자원 소비를 줄이고, 지속 가능한 성장을 이어갈 수 있기를 기대해 봅니다.

제4차 산업혁명과
에너지 빅 데이터

정보 통신 기술의 발전은 우리 생활을 과거와는 전혀 다르게 바꾸어 놓았습니다. 앞으로는 이러한 기술이 더 빠르게, 더 넓게, 그리고 더 강력하게 우리의 생활을 변화시킬 것이라 합니다. 우리는 이른바 제4차 산업혁명의 시대 앞에 서 있습니다. 4차 산업혁명이란 말은 이미 사회, 정치, 경제 전반에서 현 시대를 관통하는 슈퍼 키워드로 사용되고 있습니다. 그렇다면 인류의 산업혁명은 어떻게 오늘날까지 올 수 있었을까요?

1차 산업혁명은 18세기경 영국에서 시작되었습니다. 증기기관의 발명으로 생산성이 크게 향상되면서 농경 사회에서 산업과 도시 사회로의 전환이 일어난 것이죠. 2차 산업혁명은 대량 생산을 위해 전기가 사용되기 시작한 1800년대 후반에 일어났습니다. 공장에 전기가 공급되면서 컨베이어벨트를 사용한 대량 생산이 가능해졌으며, 이 때문에 자동차의 대중화가 시작되었습니다. 20세기 들어서 나타난 3차 산업혁명은 반도체, 컴퓨터, 인터넷 등 정보 통신 기술이 급속히 퍼져나간 시기를 말합니다.

4차 산업혁명은 2016년 스위스에서 열린 세계경제포럼에서 처음으로 언급되었습니다. 컴퓨터로 대표되는 3차 산업혁명(정보화혁명)과 달리 4차 산업혁명은 모든 사물과 사람이 연결되는 초연결성, 사물이 자유롭게 정보를 공유하고 판단할 수 있는 초지능성을 특징으로 합니다. 이러한 4차 산업혁명으로 인해 우리는 상상의 시대, 창조의 시대, 초기술의 시대에 살게 될 것이라 합니다. 그렇다면 4차 산업혁명이란 구체적으로 무엇을 의미하는 걸까요? 전문가마다 다소 주장은 다르지만, 일반적으로 정보 통신 기술의 융합으로 이루어지는 차세대 혁명을 말합니다. 다시 말해, 4차 산업혁명은 최첨단 기술이 사회 전반에 융합되면서 일어나는 사회 및 경제 구조의 혁신적인 변화를 의미합니다.

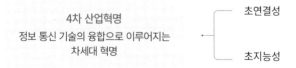

4차 산업혁명
정보 통신 기술의 융합으로 이루어지는
차세대 혁명

초연결성

초지능성

이러한 4차 산업혁명의 바람이 에너지 분야에도 불고 있습니다. 인공지능, 사물인터넷, 빅 데이터와 같은 4차 산업혁명의 핵심 기술이 에너지 생산·유통·저장·소비 등 전 과정과 융합하면서 에너지 신산업을 창출하고 있기 때문입니다. 그중에서도 에너지 빅 데이터는 에너지 신산업 창출의 핵심으로 불립니다. 에너지 빅 데이터는 에너지 절감은 물론 효율적인 에너지 수요 관리를 가능하게 합니다. 에너지 빅 데이터를 제대로 활용하기 위해서는 고품질의 에너지 데이터를 확보하는 것이 중요합니다. 따라서 에너지 빅 데이터를 이용하는 공장이나 건물에서는 센서를 설치해 전기, 가스 등의 에너지 사용량과 설비 효율 등의 데이터를 실시간으로 수집하고, 이를 분석해 체계적인 에너지 관리를 위해 힘쓰고 있습니다.

글로벌 전기전자 기업 지멘스는 사물인터넷과 센서를 활용해 실시간으로 공장의 운영 현황을 분석하는 스마트공장 플랫폼을 구축했습니다. 스마트공장이란 인공지능, 빅 데이터 등의 기술을 활용하여 생산성, 품질, 고객 만족도 등을 높인 공장을 말합니다. 이러한 혁신을 통해 지멘스는 제품의 불량률을 낮추고 생산성을 8배 상승시켰을 뿐만 아니라 30%의 에너지 절감률을 보였습니다. 국내의 한 IT 기업은 정보 통신 기술을 활용한 에너지 통합관제센터를 구축해 60% 이상의 에너지 절감률을 달성했습니다. 이 기술을 국내 건물의 10%에만 적용해도 원전 7기 규모의 에너지 절감이 가능하다고 합니다.

이처럼 에너지 분야에 있어서 데이터는 다른 어떤 분야보다도 중요합니다. 에너지 사용 이력을 기반으로 수요를 예측하고, 이를 통해 다양한 에너지 관리 기법을 만들어 에너지 절감을 이룰 수 있기 때문입니다. 건물 분야도 마찬가지입니다. 빅 데이터 기반의 건물에너지 관리시스템을 활용한다면 수요 반응 시장에 참여해 부가적인 수익을 창출하거나 에너지 운영에 대한 보다 집체적인 개선 방향을 마련할 수 있을 겁니다.

빅 데이터는 신재생에너지와 에너지저장장치, 분산 전원의 운영을 최적화하는 데에도 활용 가능합니다. 빅 데이터를 이용한다면 신재생에너지 설비가 들어서기에 최적의 위치나 설치 용량 등을 선정할 수 있기 때문입니다. 대표적인 예로 구글의 프로젝트 선루프(Project Sunroof)를 들 수 있습니다. 프로젝트 선루프는 구글 지도의 위치 정보를 기반으로 태양광발전을 설치하려는 지역이 얼마나 발전 효율이 좋은지 분석해 주는 서비스입니다. 태양광 패널을 설치하고 싶은 가정에서 건물 주소만 입력하면 적절한 설비 용량, 예상 발전량 및 절감액 등을 미리 알 수 있습니다.

덴마크 풍력발전 설비 회사인 베스타스도 풍력발전 운영에 빅 데이터를 활용하고 있습니다. 풍력발전을 어디에 설치할 것인지, 얼마나 많은 에너지를 생산할 수 있는지 등은 매우 중요한 사항입니다. 이를 위해서는 기온, 풍속, 습도, 강수량 등 방대한 데이터가 종합적으로 고려되어야 하죠. 베스타스는 슈퍼컴퓨터를 이용한 빅 데이터 활용 모델을 개발하여 이러한 데이터를 수집, 분석할 수 있는 시스템을 마련하였습니다. 그 결과 에너지 생산 비용을 줄이고, 기대 수익률의 정확도는 높이고 있습니다.

가상발전소는 주요 에너지 신산업 중 하나로 주목받고 있습니다. 가상발전소란 인공지능을 기반으로 여기저기 흩어진 전력을 가상의 단일 발전소로 모아서 관리하는 것을 말합니다. '에너지 인터넷'이라고도 불리는 가상발전소는 빅 데이터 분석으로 전력의 수요와 공급 변수를 사전에 예측해 효율적인 전력 공급이 이루어지도록 합니다. 이미 미국, 독일 등 선진국에서는 빅 데이터 분석으로 다양한 분산형 전원의 실시간 제어와 최적화 기술을 적용한 가상발전소 모델이 경제성을 갖춰 에너지 시장의 분산화를 실현하고 있습니다.

오늘날 우리는 인류의 삶을 근본적으로 변화시킬 4차 산업혁명과 에너지 혁명의 문 앞에 서 있습니다. 이러한 혁신 속에서 살아남기 위해서는 우리가 자랑하는 뛰어난 정보 통신 기술을 기반으로 세계의 에너지 빅 데이터 시장을 선점하고, 다양한 에너지 신산업을 발굴해야 할 것입니다. 이를 통해 4차 산업혁명 시대를 선도하기를 기대해 봅니다.

여기서 잠깐!
에너지 공공 데이터 서비스

대부분의 기업이 에너지 설비 투자의 필요성은 공감하지만, 막상 설비 투자에 필요한 국내외 기술 데이터를 통합·분석·정보화한 공공 데이터 서비스는 찾기 어려운 실정입니다. 이에 정부와 한국에너지공단이 제공하는 매우 유용한 에너지 공공 데이터를 만나볼 수 있는 사이트 2곳을 소개하고자 합니다.

- **행정안전부 공공 데이터 포털(data.go.kr)**
  우리나라 산업 부문의 에너지 사용과 온실가스 배출량 조사 정보를 공개하고 있습니다. 2010년부터 2019년까지 10년간 연 10만 개가량의 사업장을 대상으로 조사한 데이터가 광역자치단체, 광업·제조업 등 93개 업종, 종사자 규모 등으로 구분되어 있습니다. 세부 업종별, 지역별, 기업 규모별, 용도별로 다양한 분석 수행이 가능하며, 한국은행, 통계청 등의 데이터와 결합해 메시 데이터(Mesh Data)로 구성·활용이 가능합니다.

- **EG-TIPS(tips.energy.or.kr)**
  EG-TIPS는 에너지 온실가스 종합 정보 플랫폼으로 기업에 필요한 에너지 절감 투자 기술 데이터를 제공합니다. 최근 국제적 이슈인 에너지 절감량 산출을 위한 측정 및 검증에 관한 가이드라인도 제시하는 등 우수 기술을 보유한 기업이 에너지 절감 효과를 객관적으로 검토해 볼 수 있는 콘텐츠를 제공합니다. 또한 기술 보유 기업이 기술 정보를 EG-TIPS에 등록하면 기술 평가를 통해 판매자와 구매자를 연결해 주기도 합니다.

에너지 미래의 게임체인저*
: 탄소 포집 기술

 2021년 1월 22일, 테슬라의 CEO 일론 머스크는 자신의 트위터를 통해 최상의 탄소 포집 기술 개발에 1억 달러(약 1,167억 원) 기부를 추진 중이라고 밝혔습니다. 머스크의 트윗으로 탄소 포집 기술에 대한 세계인의 관심이 더욱 뜨거워졌습니다. 그런데 이 탄소 포집 기술이란 과연 무엇일까요?

---

* 게임 체인저(Game Changer)
 시장의 흐름을 통째로 바꾸거나 판도를 뒤집어 놓을 만한 결정적 역할을 하는 사람, 사건, 서비스, 제품 등을 가리키는 용어

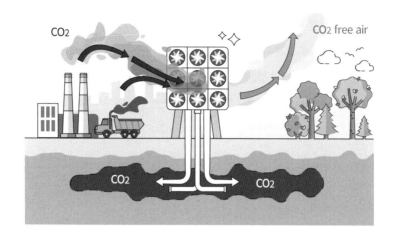

탄소 포집 기술의 정확한 명칭은 이산화탄소 포집 및 활용·저장 기술로 영어로는 Carbon Capture, Utilization and Storage(CCUS)라고 합니다. 영어 단어에서 알 수 있듯이 탄소 포집 기술이란 화석연료를 태우는 과정에서 발생하는 이산화탄소가 공기 중으로 배출되기 전에 잡아 모아서(포집) 저장하거나 활용하는 기술을 말합니다. CCUS는 지난 45년 동안 전 세계에서 다양한 방식으로 이용되며 온실가스 저감에 기여해 왔습니다. 최근 온실가스 감축에 대한 범세계적인 논의가 그 어느 때보다 활발해지면서 더욱 주목받고 있습니다.

탄소를 저장하는 기술은 크게 지중 저장, 해양 저장, 그리고 광물 탄산염화 기술 3가지로 나뉩니다. 이 중 해양 저장과 광물 탄산염화는 아직 해결해야 할 기술·환경적 문제가 남아있기 때문에 현재 주로 이용되고 있는 것은 지중 저장 기술입니다. 앞에서 나온 그림이 이산화탄소 지중 저장 과정을 간단하게 표현한 것입니다. 지중 저장은 발전소나 산업 시설에서 발생하는 이산화탄소를 지질층에 주입해 영구적으로 봉인하는 기술입니다. 여기서 더 나아가 이산화탄소를 필요로 하는 기업에 판매할 수도 있습니다. 예를 들어, 원유 기업은 포집한 이산화탄소를 원유회수 증진이라는 공정에 사용합니다. 원유를 채굴할수록 지층의 압력이 낮아져 채굴량이 감소하게 되는데, 이때 물이나 가스 등을 주입해 생산량을 다시 증가시키는 공정을 원유회수 증진이라고 합니다. 채굴량이 감소한 지층에 이산화탄소를 주입해 압력을 높임으로써 이산화탄소도 봉인하고 석유 생산량도 증가시키는 일석이조의 효과를 거두고 있습니다.

실제로 많은 탄소 포집 시설들이 원유 기업에 이산화탄소를 판매하는 것으로 수익을 내고 있습니다. 그 과정을 보면 다음과 같습니다. 우선 이산화탄소를 90% 이상의 고농도로 포집, 압축하여 저장소로 이송합니다. 주로 파이프라인이나 선박을 통해 이송되며, 이렇게 이송된 이산화탄소는 800m 이상 깊이의 폐유전, 가스전, 대염수층 등에 저장되거나 원유 생산량 증가를 위해 이용됩니다. 지중에 주입하는 이산화탄소는 덮개암(Cap Rock)이라는 암석 아래에 저장하는데, 덮개암은 유체 투과율이 매우 낮아 이산화탄소가 누출되지 않고 영구적으로 저장될 수 있게 해 줍니다. 이 외에도 이산화탄소는 화학적 또는 생물학적 전환 기술을 이용해 고분자나 탄산칼슘, 바이오디젤 등으로 재활용할 수 있습니다.

전 세계 주요 국가들이 탄소중립을 선언하는 가운데 국제에너지 기구가 탄소 포집 기술과 관련하여 의미 있는 전망을 내놓았습니다. 2020년 발간한 「에너지 기술 전망」 보고서에서 CCUS 없이는 온실가스 '0'에 도달하는 것은 불가능하다고 밝힌 것입니다. 전 세계에서 배출되는 이산화탄소의 절반 이상이 발전소나 중공업 공장에서 발생하는데, 이 기술이 산업 현장에서 나오는 대규모 이산화탄소를 줄일 수 있는 가장 효과적인 해결책이라는 것입니다. 또 발전소, 중공업 분야에서 화석연료를 다른 친환경 에너지원으로 대체하려면 비용이 너무 많이 들고 비효율적인 측면이 있습니다. 이 때문에 화석연료 사용을 당장 낮추기 어려운데, 이산화탄소를 포집하는 것으로 이런 문제를 일정 부분 해결할 수 있다는 겁니다.

전 세계에는 연간 최대 40메가톤의 이산화탄소를 포집할 수 있는 대규모 탄소 포집 시설 21개가 가동되고 있습니다. 이 중 미국에 10개가 있으며, 일부는 1970~1980년대부터 운영되어 왔습니다. 세계에서 가장 오래된 탄소 포집 시설은 미국 텍사스주의 테럴 천연가스 발전소입니다. 이곳에서는 1972년부터 이미 CCUS를 이용해 현지 정유 업체들에게 이산화탄소를 납품해 왔습니다. 미국은 연간 25메가톤의 이산화탄소를 포집하고 있으며 이는 전 세계 포집 용량의 3분의 2를 차지합니다. 현재 건설 중인 연간 1.5메가톤 포집 용량 시설 1개와 계획 중인 18~20개의 프로젝트를 포함하면 미국의 연간 이산화탄소 포집 역량은 71메가톤까지 늘어날 전망입니다.

과거에는 주로 미국의 대기업들이 글로벌 탄소 포집 시장을 주도해 나갔다면 2000년대 이후부터는 대기업뿐 아니라 스타트업들도 독창적인 기술을 내세워 CCUS 시장에 진입하고 있습니다. 2050년까지 탄소중립 실현을 공약한 바이든 대통령도 탄소 포집을 활성화하기 위한 정책을 펼칠 것으로 예상됩니다. 이미 CCUS에 대한 세금 인센티브를 강화하고, 새로운 CCUS 개발을 위한 연구에 자금을 지원할 것이라는 계획을 밝혔습니다.

글로벌 CCS연구소는 탄소중립에 도달하려면 2050년까지 연간 3.6기가톤의 이산화탄소를 포집·저장해야 한다고 밝혔습니다. 하지만 오늘날 전 세계적으로 설치된 탄소 포집 시설의 포집 용량은 약 40메가톤에 불과합니다. 앞으로 이산화탄소 포집 용량이 약 100배 이상 늘어나야 탄소중립을 실현할 수 있는 것입니다. 이에 따라 CCUS는 1970년대부터 사용되어 왔지만 아직도 시장 확장 가능성이 무궁무진한 분야라고 할 수 있습니다. 앞에서 머스크가 최고의 탄소 포집 기술에 1억 달러를 기부하겠다고 트윗한 것도 이런 확신이 있기 때문입니다.

한편 우리나라에서는 기업의 온실가스 배출을 규제하기 위해 탄소 배출권거래제를 시행하고 있습니다. 만약 특정 기업이 온실가스 허용량을 넘길 경우 다른 기업에게 배출권을 사야합니다. 온실가스 배출 허용량을 넘기는 기업이 많아질수록 배출권 가격이 폭등할 우려가 있습니다. 이런 상황에서 대안으로 떠오르고 있는 것이 CCUS입니다. 게다가 CCUS는 이산화탄소가 공기 중으로 방출되는 것을 방지하기 때문에 기후위기 대응 측면에서 배출권보다 더욱 바람직하죠. 우리나라도 정부가 2050년까지 탄소중립을 선언했기 때문에 CCUS는 미래 경제 활동을 위한 필수적인 기술로 부상하고 있습니다.

미래에는 어떤 기업이든 온실가스 배출을 신경 쓸 수밖에 없는 시대가 올 것입니다. 이런 상황에 CCUS는 지구온난화 현상을 해소할 게임체인저로서 전 세계에서 가장 중요한 기술 중 하나로 떠오를 전망입니다. 기후위기 대응의 패러다임을 바꿀 CCUS의 상용화를 위해 세계는 발 빠르게 움직이고 있습니다. 우리가 뒤처지지 않기 위해서는 정부와 기업의 더욱 긴밀한 협력이 필요합니다. 광범위하게 사용할 수 있고 비용 효율적인 기술을 육성하기 위한 강한 추진력을 확보해 나가야 할 것입니다.

에너지 미래의 게임체인저
: 인공태양

밤하늘 반짝이며 빛나는 별들을 바라보고 있으면 잊고 있던 동심의 나라로 빠져들게 됩니다. 그런데 별들이 반짝반짝 빛나는 이유는 무엇일까요? 문학적인 답변이 아니라 과학적인 사실을 말한다면, 별이 반짝이는 이유는 핵융합※ 과정에서 발생하는 핵에너지 때문입니다. 따라서 별들의 실체는 한마디로 말해 우주의 핵융합 발전소라 할 수 있습니다.

* 핵융합

  별은 수소로 이루어진 거대한 가스 덩어리로 수소끼리 충돌해서 헬륨으로 변하는 과정을 핵융합이라 합니다. 핵융합이 일어나면 별의 질량이 줄어들게 되는데, 이때 줄어든 질량만큼 에너지로 바뀌게 됩니다.

지구와 가장 가까운 별들 중 핵융합 반응이 일어나는 별은 태양이 유일합니다. 그런데 이러한 태양(우주의 핵융합 현상)을 지구에서 만들려는 시도가 있습니다. 바로 인공태양입니다. 인공태양은 말 그대로 인공적으로 핵융합 반응을 일으키는 장치를 말합니다. 태양이 에너지를 내는 원리, 핵융합 반응의 원리를 이용해서 태양과 같은 엄청난 에너지를 만들겠다는 것입니다. 태양이 만들어내는 에너지는 엄청납니다. 지구의 모든 발전량보다 무려 1조 배나 많다고 합니다. 인공태양 프로젝트가 성공한다면 풍력, 수력, 지열 등 신재생에너지 설비가 늘어나는 것과는 비교할 수 없을 만큼 압도적인 비중으로 활용할 수 있게 될 것입니다.

이렇게 활용 범위가 무궁무진한 인공태양을 만들기 위한 프로젝트에 우리나라도 참여하고 있습니다. 프랑스 카다라슈에 건설 중인 국제핵융합실험로(ITER)는 한국을 비롯해 미국, EU, 중국, 러시아, 인도, 일본 7개국이 참여하는 국제 공동 프로젝트입니다. 세계 각국에서 핵융합로 건설을 위한 부품을 보내고 있으며 우리나라도 핵심 부품을 이미 프랑스로 조달했습니다. 각 나라에서 조달된 부품들을 현지에서 조립해 2025년까지 완공하는 것을 목표로 하고 있습니다.

국제 공동 프로젝트 외에도 국내에서 진행하고 있는 인공태양 프로젝트가 있습니다. 한국핵융합에너지연구원에서 추진 중인 차세대 초전도 핵융합 연구장치(KSTAR)는 ITER의 약 25분의 1 규모이지만 이미 1억도 이상의 초고온 플라스마를 20초간 운전하는 데 성공함으로써 세계 신기록을 달성했습니다. 플라스마란 기체가 초고온 상태로 가열되어 전자와 양전하를 가진 이온으로 분리된 상태를 말합니다. 플라스마는 흔히 '제4의 물질 상태'로 불립니다. 고체에 열을 가하면 액체·기체 상태가 되고, 다시 이 기체에 열을 가하면 전자와 원자핵으로 분리되어 플라스마 상태가 됩니다. 태양의 중심부는 바로 이러한 플라스마 상태로 존재합니다.

지구에서 핵융합 반응을 일으키기 위해서는 태양의 중심부와 유사한 환경을 만들어야 합니다. 이를 위해 개발된 것이 핵융합 장치(인공태양)입니다. 하지만 핵융합 반응을 인공적으로 일으키는 것은 매우 어려운 일입니다. 우선 핵융합 원료인 중수소와 삼중수소가 필요합니다. 그리고 진공 공간에 중수소와 삼중수소를 넣고 1억도 이상으로 가열해 초고온의 플라스마 상태로 만들어야 합니다. 플라스마 상태에서 핵융합 반응이 일어나면 막대한 에너지가 발생하는데, 이 에너지는 단 1초 동안 방출된 양으로 인류가 100만 년을 쓰고도 남을 정도로 강력하다고 합니다.

핵융합 반응을 만들기 위해 꼭 필요한 3가지는?

1. **중수소와 삼중수소**
   핵융합 원료인 중수소와
   삼중수소가 필요합니다.

중수소

삼중수소

2. **초고온 플라스마 상태**
   원자핵들이 서로 융합하기
   위해서는 핵융합 원료가
   1억도 이상의 온도에서
   가열되어 초고온의
   플라스마 상태가 되어야 합니다.

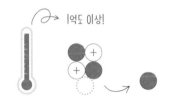

1억도 이상!

3. **핵융합 장치**
   초고온 플라스마를
   유지하려면 강력한
   자기장과 진공 상태의
   핵융합 장치가 필요합니다.

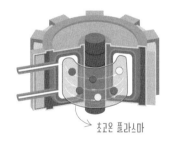

초고온 플라스마

문제는 초고온 플라스마 상태를 유지하는 게 쉽지 않다는 점입니다. 핵융합 장치 내부와 외부의 압력, 온도 차로 플라스마가 불안정해지기 때문에 현재 기술로는 초고온 플라스마 상태를 장시간 유지하는 게 불가능합니다. 그런데 놀랍게도 우리나라는 2019년에 플라스마의 불안전성을 극복하며 세계 최초로 8초 동안 초고온 플라스마 상태를 유지한 기록을 가지고 있습니다. 게다가 2020년에는 20초 동안 초고온 상태 유지에 성공했습니다. 이번 성과는 10초의 벽을 넘은 것과 더불어 1년 만에 플라스마 제어 기술을 획기적으로 개선했다는 점에서 큰 의미가 있습니다. 물론 핵융합에너지가 상용화되려면 핵융합 장치(인공태양)가 24시간 연속 운전이 가능해야 합니다. 한국핵융합에너지연구원은 1억도 이상의 온도를 300초 이상 유지할 수 있게 된다면 24시간 이상 가동도 가능할 것으로 보고 있습니다. 이에 우리나라는 ITER이 완공되는 2025년까지 300초 유지를 목표로 노력하고 있습니다.

2018년 타계한 세계적인 물리학자 스티븐 호킹 박사는 핵융합 발전이 인류를 종말에서 구할 수 있는 첫 번째 단추라 말했습니다. 그만큼 핵융합에너지가 지구온난화와 미래 에너지 문제를 해결할 수 있는 가장 효과적인 대안으로 제시되고 있습니다. 그래서 핵융합에너지를 '꿈의 에너지'라고 부르는 것입니다. 꿈의 에너지라는 별칭처럼 실현되기만 한다면 에너지 분야의 메가톤급 게임체인저가 되지 않을까요? 무한한 에너지이면서도 동시에 무공해 에너지인 핵융합에너지. 이 핵융합에너지를 활용한 인공태양으로 한국이 신에너지 시장을 개척하는 꿈같은 날이 오기를 기대해 봅니다.

닫는 말

우리나라의 자랑스러운 아이돌 그룹 방탄소년단(BTS)은 미국 빌보드 싱글 차트 '핫 100' 1위와 '2021 그래미 어워드' 후보 등재 등 놀라운 새 역사를 써 내려오고 있습니다. 미국 시사주간지 『타임』은 고통과 냉소가 가득한 코로나19 시대에 희망의 메시지를 노래한 방탄소년단을 '2020년 가장 영향력 있는 엔터테이너'로 선정하기도 했습니다.

방탄소년단은 비영어권의 아시아인이자 서양에서는 생소한 남자 아이돌이라는 한계에도 불구하고 그들만의 매력과 실력을 무기로 세계적인 성공 신화를 이루어냈습니다. 특히 '아미(ARMY)'라는 이름의 매우 강력한 팬덤을 형성했습니다. 그들이 생산하는 물질적·상징적 재화의 충성스러운 소비자인 아미 역시 유례없이 다양한 인종과 나이, 계층, 국적으로 이루어져 있습니다. 전 세계가 기후위기로 신음하는 오늘날, 방탄소년단을 추종하듯 따르며 지켜주는 아미처럼 세계인이 지구를 살리기 위한 열정적인 아미가 되어보는 건 어떨까요?

사실 방탄소년단은 세계 기후변화 위협에 대처하기 위한 운동에 꾸준히 동참해 온 그룹입니다. 방탄소년단은 지난 2019년 전기차 경주 대회인 '포뮬러E 월드 챔피언십'의 글로벌 홍보대사로 활동하며 전기차의 친환경적 이점을 홍보하기도 했습니다. 포뮬러E는 그들을 홍보대사로 위촉하며 다음과 같이 밝혔습니다.

"환경 오염이 인류의 건강에 최대 위협이기 때문에 우리는 BTS와 힘을 합쳐 깨끗한 에너지 장려 운동을 시작할 것입니다. 우리는 포뮬러E의 2020 글로벌 홍보대사로서 BTS를 맞이한 것을 매우 기쁘게 생각합니다. BTS 팬들은 환경 문제에 높은 관심을 보이고 있기 때문에 환경 보호와 전기차에 대한 인식을 높이는 데 기여할 수 있을 것입니다."

그동안 방탄소년단과 아미가 환경 보호에 큰 관심을 보이고 실천해 온 것을 알고 포뮬러E에서 이를 활용한 것입니다. 이것은 하나의 사례이지만 방탄소년단이 세계적으로 유명한 아이돌 그룹으로서 가지고 있는 영향력을 환경 보호라는 선한 대의를 위해 사용하는 것은 정말 아름다운 모습이 아닐 수 없습니다.

우리나라의 기성세대는 불과 몇십 년 만에 기적 같은 경제 성장과 민주주의를 이루어냈습니다. 그러나 다른 한편에서는 경제 성장을 위한 무분별한 에너지 사용과 온실가스 배출, 그리고 환경 파괴라는 어두운 이면도 있었던 것이 사실입니다. 이제는 기성세대가 젊은 세대와 함께 이에 따른 환경 문제를 해결해 나가야 합니다. 단기간의 압축적 성장에서 지속 가능한 발전으로 나아가기 위한 방법을 함께 고민하며 적극적으로 실천해야 할 때입니다.

우리 젊은 세대에게 큰 기대를 걸어 봅니다. 환경과 미래를 생각해 번거롭더라도 플라스틱 사용을 줄이고 에너지 절약을 실천하는 그들에게 오히려 기성세대가 배울 점이 더 많아 보일 때가 있기 때문입니다. 그래서 우리가 살아가는 이 세계의 지속 가능한 발전을 꿈꾸는 마음으로, 더 나아가 젊은이들이 에너지 문제를 올바르게 이해하고 많은 관심을 가져주길 바라는 마음으로 이 책을 출간하게 되었습니다.

부족한 내용이지만 모쪼록 이 책이 많은 젊은이들에게 오늘의 의미 있는 실천을 견인하는 '나비의 작은 날갯짓'이 되어주기를 바랍니다.

참고문헌

- 2021년 한국에너지공단 정책설명회 자료
- 한국교통연구원 블로그
- 한국에너지공단 네이버 블로그
- 한국에너지공단 홈페이지 및 홍보·교육 자료
- 한국에너지정보문화재단 홈페이지
- 《2020년 글로벌 재생에너지 동향 및 2025년 전망》, KEMRI, 2021.
- 《KEA 에너지편람》, 한국에너지공단, 2019~2021.
- 《The Truth about WIND POWER》, AWEA, 2012.
- 《기후위기시대 에너지이야기》, 박춘근, 크레파스북, 2020.
- 《나의 꿈 나의 에너지를 찾아서!》(1~3), 박춘근, 한국에너지공단, 2016~2019.
- 《벤츠도 2030년부터 전기차만 생산… 배터리공장 8곳 짓는다》, 이상원, 디일렉, 2021.
- 《수소 혁명》, 제러미 리프킨, 민음사, 2003.
- 《수소경제 활성화를 위한 수소공급부문 해외사례 연구》, 에너지경제연구원, 2020.
- 《신재생에너지 주민수용성 제고 방안 연구》, 에너지경제연구원, 2017.
- 《이해하기 쉬운 서남해 해상풍력 개발사업》, 한국해상풍력(주), 2015.
- 《인간동력, 당신이 에너지다》, 유진규, 김영사, 2008.

· 《에너지 주권》, 헤르만 셰어, 고즈윈, 2006.

· 《육식의 종말》, 제러미 리프킨, 시공사, 2002.

· 《조력 및 해상풍력사업 환경평가방안 연구》, 한국환경정책·평가원구원, 2015.

· 《코드 그린》, 토머스 프리드먼, 21세기북스, 2008.

· 《태양광&풍력발전 바로알기》, 한국에너지공단, 2018.

· 《풍력바로알기》, 한국에너지공단. 2020.

· 《풍력터빈 신드롬에 대한 연구》, 미국 매사추세츠주 연방환경보건부·공중보건부, 2012.

· 《한계비용 제로 사회》, 제러미 리프킨, 민음사, 2014.